管理思维

学·思·践·悟

赵 征　赵雨霏 / 著

中国科学技术大学出版社

内 容 简 介

作者依据长期理论研究和管理实践，总结了管理者适用的逻辑、结构和方法，结合日常生活实践，分学、思、践、悟四个篇章，运用系统思维和创造性思维，以新颖独特的方法和视角思考问题，打破固有认知，挖掘内在联系，探究底层逻辑，提出管理思维培养新模式。本书可供企业管理者、EMBA 和 MBA 学员参考。

图书在版编目(CIP)数据

管理思维:学•思•践•悟/赵征,赵雨霏著.—合肥:中国科学技术大学出版社,2024.4
ISBN 978-7-312-05952-0

Ⅰ.管… Ⅱ.①赵… ②赵… Ⅲ.管理学 Ⅳ.C93

中国国家版本馆 CIP 数据核字(2024)第 067852 号

管理思维：学•思•践•悟
GUANLI SIWEI：XUE•SI•JIAN•WU

出版	中国科学技术大学出版社
	安徽省合肥市金寨路96号,230026
	http://press.ustc.edu.cn
	https://zgkxjsdxcbs.tmall.com
印刷	合肥市宏基印刷有限公司
发行	中国科学技术大学出版社
开本	710 mm×1000 mm 1/16
印张	17
字数	226 千
版次	2024 年 4 月第 1 版
印次	2024 年 4 月第 1 次印刷
定价	78.00 元

知 无 用

（代序）

老友李洪峰教授与我同室工作数年，酷爱书法，办公室里经常更替悬挂其不同作品，慢慢地把我熏陶得也对书法有了兴趣。

一日，两人闲聊，突发奇想可以共同创作一本书，洪峰教授书写管理思想，我来撰文解读，那就试着写一篇呗。洪峰问我欲写何字？我略一沉吟："知无用，如何？"

"知无用，而始可与言用矣"出自《庄子·外物》，意思是"知道了无用以后，就可以谈论有用了"。

我对这句话的理解，存在两个层面。

其一，是认知标准层面。

关于"用"，在日常生活中经常被用于"鄙视"的原因。如应用研究鄙视基础研究，自然科学鄙视社会科学，大抵上都是因为后者"没用"。不仅学术领域，"有没有用"已经成了很多人骨子里的评价标准，甚至小学生写作文，老师都会认为凡是影响分数的文字和描述，都是"没用"的，逼着学生要么删除、要么重写。

女儿五年级的时候，数学题目开始复杂了，我就给她定了一个规矩，不许使用草稿纸。做到这点其实很简单，就是不许跳步，任何计算都只能一步步算，这样既不容易出错，也不用额外的草稿纸。这个规矩看似降低了效率，其实是养成了好的习惯，做一道题目（尤其是简单题目）的效率可能有所降低，但做事的关注点从结果变为了过程，只要过程得到了保证，就等于保证了结果；同时出错的机会也大大降低（出错对效率的影响极大）。换言之，"人"的效率大大提升。何况，教育的目的本来就不是做题，而是对人的认知的培养。

一件事物、一种能力有没有用，不在于"事物"和"能力"自身，而在于我们的认知。"用"分为两种："外用"处理与外部世界的关系，目的是收益；"内用"处理自身的关系，提高自己，目的是成长。"外用"着眼于收益，看重的是结果；"内用"着眼于成长，看重的是过程。外用的结果，短时间内就可以看到，而内在的成长过程则周期较长，因此很多时候，外用更受欢迎、更受重视；而内用则被忽视，甚至认为其"没用"。其实，外用取决于内用，自身成长了，处理外部事物就会事半功倍。提升了自我认知，没用的就都有了"用"。

其二，我认为是如何更好地发挥"用"。

在课堂上，我请企业家学员给出裁掉20个直接下属的排序名单。他费了九牛二虎之力，终于把名单排了出来。

我拿着名单问他，当对每一个人做减法的时候，是否对每一个人的"用处"有了更清晰的认识？他点头称是，认为"从来没有这么清楚地明白每一个人的'用处'"。

为什么出现了这样的情况？是因为你在每个人的"没用"之处倒逼出

了"用处"。换言之,你在倒逼的过程中,找到了"用处"的"边界"。就像打开一只手电筒,当你发现了照不到的地方,才知道了能照到的范围,也就是光亮可用的范围。由此可见,"没用"在帮助你界定"用处"的极限,因为知道了"没用",才知道了"用处"的范围,因此,才能更好地发挥"用处"的作用。

今天,"用"已经被投入了太多的关注,能"用"的几乎也快消耗殆尽了。似乎到了该多考虑一下"无用"的时候了。

目　　录

i　　知无用（代序）

学

002　教与学的共鸣
006　教育不能落下体育
009　跟客户做朋友
013　创业者的竞争力
016　目标的层级
018　见义勇为的环境
022　如果你被踢出了家长群
025　有用和没用

028　名校的"视角"
031　目标、流程与方法
036　"深度思考"的深度思考
041　问题的层次和价值
046　知识和学习
050　选师父
054　关于"弯路"

思

058　早餐付账
060　点菜的权利
062　戒酒的快乐
064　生日和寿命
068　电视剧的观看视角
071　木屋烧烤的短板

074　校门口的红绿灯
077　我买了一本"破"书
081　投诉与改善
084　"技术分"和"艺术分"
087　浅谈管理
090　从培训中思考本质

094　危机与信任	108　企业成长路径
098　产品中的战略思维	110　壁垒的背后
101　合作、规则和预期	112　"创新"而不是"创新词"
104　如何创造顾客？	115　评估的简化

践

120　从《唐宫夜宴》聊创意	147　联名的本质
123　老实的舌头	151　会员制仓储超市的本质
126　创新的自由度	154　500亿元电影票房的意义
129　新式代厨的风口	157　商场和战场
132　做事的门槛与职业的门槛	159　海底捞案例里的常识
134　管理者的自信和角色	162　雪糕升级
138　获利的交易	166　免费的"二手交易"？
141　"万物外卖"是趋势吗？	169　反向定制和爆款
144　最喜欢的客户还是最讨厌的员工？	173　老字号

悟

176 管理思维	196 客户满意
177 创新的目的	198 客户：上帝还是家人？
178 创业的收获	200 关于产品设计
179 长期目标	202 关于专业
180 差异化	204 专业的层次
181 战略与做"眼"	206 企业文化
182 关于做"眼"	207 标准与成本
184 做"眼"与做"大"	208 非遗和标准
186 开店和创业	210 关于激励
188 品牌	212 别"装"
189 关于销售	213 量化管理
190 真正的低价	214 西安奔驰事件探究
191 关键客户	216 成就谁
192 营销点	218 成长
193 卖点	220 求同存异
195 对手是谁？	222 价值观规则

223	躺平和目标	241	创新创业教育的成功
225	值得尊敬	243	课堂
226	融资和筛选	244	案例讨论什么？
227	谁喜欢聪明创业者？	245	追求效率的方式
229	连锁和复制	246	问题的解决
231	责任与边界	247	知识管理的制约
232	现在和未来	249	专家号和好酒
233	责任还是交易	251	庖丁不解牛
235	朋友圈灵魂三问	253	关于评论
236	格局	254	孩子的成长如何期待？
238	追问管理	256	年终寄语
239	管理的进化	257	悟里的我

教与学的共鸣

> 作品的感染力把观赏者带入一种无意识而又被吸引的心境之中,切断了与周围现实世界的联系,专注于当前作品,并和作品产生了共鸣。

再过几天,我这学期的教学工作就要开始了,尽管我的课程每一轮都会有变化,但这一次的变化最大,因为要改为线上直播了。其实直播这事,之前我接到过很多邀请,大多被我拒绝了,因为我一直没想明白"教学"和"在线"的关系。

讨论在线教学之前,先要厘清我们对教学的认知。我把课程的教学分为两类:一类是侧重"教"的,另一类则是侧重"学"的。

侧重"教"的,课堂的设置是为老师的"教"服务的,认为只要老师"教"得好,学生就能"学好",而"学好"的定义,是老师教授知识的记忆程度,记得多、考分高就是"好",否则就不及格。当然,有些知识确实需要了解甚至记忆,还有些如中小学的孩子们的领悟能力不是很强,处在培养思维能力的阶段,部分课程采取侧重"教"的方式,是可行的。

但大学阶段,尤其是在职人员的学习,可能就有所不同了。此时"学"的定义,应该是"领悟",甚至是"实施",意味着从思想到行为的改变。尤其是这些学员事务繁多,不仅课堂上专注度较低,一旦下课离开教室,马上就会转换场景，学习的效果也就可想而知了。因此，现场的效果越好，就越能引发学生的兴趣，而大多数在职学员都已具备了一定的自学能力，兴趣就会引领学员进入自学状态，提升最终学习效果。这样看来，如何在课堂上达成最佳效果，就成了关键。此时，侧重"学"的教学方式，就自然成了主角。

侧重"学"的核心，是在课堂上最快速度地引发兴趣，兴趣引领学生课后继续学习。这里所说的"兴趣"，其实指思考的兴趣。学生开始思考，兴趣就达成了；思考越多越深，兴趣就越大，课后持续关注的可能性自然更高。可是，思考是如何产生的呢？为了更好地理解，就从父亲和我的一次对话说起吧。

工作以后我与父亲的共同活动不多，一次偶然的机会，我们一起看画展。父亲兴趣广泛，不仅喜欢运动，上中学就是国家长跑二级运动员，还喜欢摆弄乐器，口琴、二胡和小提琴都玩得不错。记得看画展时他看得尤其仔细，每一幅画都要流连许久，左走几步看看，再右走几步看看，凑近几步看看，再远离几步看看。过了一会我就有点不耐烦了，父亲察觉到了我的状态，找到了一幅画，先把我拉着一起走了一趟他的观赏"流程"，几个角度看完后，父亲问我："你觉得怎么看画？"

我被问住了，没好气地回答："怎么看画？……用眼睛看呗！"

父亲笑着说："欣赏画，有三个层次。"看着我困惑的表情，他接着说道："第一个层次，叫共鸣；第二个层次，叫感动；第三个层次，叫升华。"

我更加糊涂了，嘴里嘟囔："共鸣，感动，升华。"

父亲解释道："这个过程，是观赏者与作品交互的过程。当然，这个交互必须由作品发起，这个发起叫作作品的'感染力'，感染力把观赏者带入一种无意识而又被吸引的心境之中，切断了与周围现实世界的联系，专注于当前作品，并和作品产生了共鸣；在共鸣之后，观赏者的想象力就被激发了，从作品的表层深入其背后复杂的深邃意味，沉浸到作品所表达的世界当中,精骛八极,心游万仞,欣赏者被作品的主题和格调所感染,心有所动,情有所感。"

我跟着父亲的思路:"这就是感动了。"

"对!"父亲接着说,"因为感动,欣赏者就可以进入带有哲学意味的境界了,激发其对更加普遍深刻事物的关怀和体认,诸如人生、生死、历史、世界等宏大的关切由此而生,这就是升华了。"

"似乎不是每个人都可以达到这三个境界的。"想到自己看画的过程,我有点自惭形秽。

"只要去追求,每个人都可以达到。"父亲似乎觉察到了我的内心,笑着宽慰我,"这也正是人类对'美'的追求,在追求美的过程中,人们不断进步!"

老师的授课,何尝不也是一种作品?

教育的本质,是引导人们自我学习和自我提升。引发学生们的追求,在追求的过程中，学生们不断提升自我，这难道不是学习的终极目标吗？可是不知从何时开始，授课变成当堂知识的宣贯和记忆了。

侧重"学"的授课，感染力是第一步，是师生交互、情感交互和教学交互的开始；主题，必须无限接近学员的需求，主题与实践密切关联，直达学生内心需求，这是感动的关键；思考，来自教师的引导，从特殊到普遍，把实践案例放到人生坐标系中，引发更深层次的思考。学生也因此真正进入了持续学习状态。

网络和系统，到底是促进"教"，还是促进"学"，能否因交互而共鸣，因共鸣而感动，因感动而思考呢？我不知道。但我确信无疑的是：作品，才是所有境界的基础。

直至今天，父亲的话还经常在耳边回响。我从中领悟的是，不仅要努力去做一个追求"美"的欣赏者，还要竭尽全力去打造值得欣赏的作品。

教育不能落下体育

竞争的本质是彼此成全。

EMBA（高级管理人员工商管理硕士）课程都有交流环节，今天有学员又问了一个回答了很多次的、关于孩子教育的问题。"老师，如何给孩子选兴趣班？"

"体育！"我几乎没有丝毫犹豫，接着又补充道："注意，是'兴趣'不是'班'。"

首先，为什么是体育？

人类的第一种活动叫玩耍。玩耍是人的本能，孩子一出生就会玩耍，玩耍是无目的性、无规则的。

玩耍之后的活动是游戏。人通过游戏，开始认知规则和目的。利用规则去达到目的，或是破坏规则去达到目的，之后明白规则与系统效率之间的关系：是选择遵守规则大家一起长期玩，还是破坏规则大家都别玩。

游戏的目的显然是获胜，但对胜利的极致追求，很可能扭曲人性。这时候，更高层次的活动形式出现了，它就是体育。

体育的起源与宗教有很深的关系，最初大多作为宗教仪式的一部分出现。因此，体育与游戏的不同之处，是增加了精神追求，把彼此竞争转换

为个体提升,既期待自我的不断超越,又尊重对手的持续进步。"更快、更高、更强"的奥林匹克格言体现的正是这一精神追求。

其实体育活动的最初参与者都是业余选手,其追求的也是单纯的体育精神。但职业运动员和商业不断侵蚀着体育活动。职业运动员以运动谋生,商业则基于结果配置资源。所谓结果,是世界纪录、全国纪录、赛会纪录等各类成绩,这些纪录更容易跨时间、跨区域比较选手成绩,更容易介入商业,也因此把追求体育精神,拽回了基于规则的游戏。不过奥组委还是坚持到了1988年,才允许职业运动员参加奥运会。

这就是我强调是"兴趣"不是"班"的原因。"兴趣"意味着业余,"班"往往沦为一种职业培养机制。

说了这么多追求精神,体育到底能给参与者带来什么呢?就我自己的感悟简单表达几点。

首先,无论做什么,都必须进场,光说不练那是假把式。甭管什么体育项目,都需要亲身进场参与,要想指挥别人,都得自己先玩好、玩通,光在场边耍嘴皮了,是没人理会的。外行指导内行提升水平,甚至赢得比赛,是不可想象的。

其次,学会总结,理解悟性的重要。体育项目参与者水平提高有个特点,就是边练边提高。由于不存在对所有人都适用的方法,因此对每个运动者来说,只有通过对自己练习和比赛过程的反复总结、感悟,才可能找到符合自身特点的提高路径。长此以往,即使最终运动成绩一般,但也会养成总结的习惯,自身悟性也会有很大提升。

再次,尊重对手。无论从事何种体育运动,你都应明白一个道理,你的潜能是被对手激发的,你的成绩是对手"给予"的。大多世界纪录是在高手对决的赛事上创造的,竞争水平越高,选手才越被激发。成绩也许有名次差异,但个人最佳成绩都是在不断提高的。竞争的本质是彼此成全。

最后,赢得观众。体育运动往往还有观众,赢得观众尊重和支持的方式,未必只有成绩,参与者的表现也同样重要。

商场竞争与体育也有相似之处。企业竞争的目的,往往并非战胜对手,而是赢得观众(客户)。玩弄规则者固然可以暂时取胜,但放到更长时间维度来看,最后剩下的一定是那些看淡对手、把超越自己作为目标、进而赢得观众(客户)尊重的选手。"胜者"未必为王,"剩者"才能为王。

教育最不能落下的,是体育。

跟客户做朋友

> 能够实现"跨界"传递"信任"这一信息的就是"口碑",口碑是用来续命的!

我的职业生涯里,得到过不少提携和帮助,每每在关键时刻,都得到过一些宝贵的建议。20多年前,当我决定从研究所的技术岗位离开,进入外企转行做市场时,我就去请教一位成功的学长,希望了解从事市场工作的诀窍。他送我六个字:跟客户做朋友。

入行之后,我才明白,在市场工作领域中,如果存在着某些不证自明的"公理"的话,"跟客户做朋友"这一条肯定可以排在首位。但让人困惑的是,同样遵循这条公理的企业,成功的固然有之,但失败的也比比皆是。很多年之后,我终于明白了:问题出在"朋友"的定义上!每个人都按照自己对朋友的理解,采取了不同的方式,却得到了不同的结果。那么,到底什么才是朋友呢?我一直思考着这个问题,直到有一天我无意中发现了一件事。

有了女儿之后,我纠结于怎么教育,我发现似乎每个人的理解都不同,于是索性用"什么是教育"这一个短语在网上搜索,结果让人震惊,一共找到了5340万个不同结果。惊诧之余,我又试了一下搜索"什么是管理",有

5220万个结果。我突然想起了"朋友"的困惑，随后我换成了"什么是朋友"，数字则变成了8710万个。看来，"管理"和"教育"都不是简单的事，而"朋友"则更复杂。

这么复杂的事，肯定有很多学者研究。学者们把朋友分成不同的种类，按名称分类的，有忠友、难友、信友、诤友，还有挚友、善友、密友、畏友；按兴趣爱好分类的，一块学习的叫学友，一起跑步的叫跑友，一起旅游的叫驴友；按熟悉程度分类的，从一面之交到点头之交，从泛泛之交到金兰之交，最后到刎颈之交。这么多的"朋友"，适用于不同类型的客户吗？是否存在着一种定义，是我们努力的方向呢？发生在家庭中的一番对话，给了我些许启发。

女儿小时候生活在爷爷奶奶家，家里有一台我父亲早年出国带回来的冰箱，用了20多年仍然没啥问题。尽管我出于安全考量多次提出更换，可他们一直不同意，于是这台"超期服役"的老古董就一直用到了2008年。

女儿有一次忍不住跟我抱怨："为什么爷爷奶奶的冰箱还不换啊？东西都放不下了。"

"他们年纪大了，东西用习惯了，也就不想换新的了。"我给她解释。

过了一会儿，她突然冒了一句："这冰箱哪个厂生产的？用了这么久，也不坏！这新生产出来的产品还怎么卖啊？"

我随口问："你要是厂家，你是愿意冰箱坏得快一点，还是慢一点呢？"

"当然越快越好啊！"她没有丝毫犹豫，"早点坏了，我不就可以早点卖新的给他们了。"停了一下，她转了念头："不过，卖东西的希望坏得快点，可买东西的还是希望坏得慢点。"

"那按谁的意见办呢？"我马上追问。

"嗯……"珊珊犹豫了一下，"我觉得还是按我们消费者的意见办，要不然我们就不会买了。不过，买回来的东西用得久，我们觉得确实好。可是卖东西的以后怎么办呢？"女儿又开始担心起厂家了。

这真是一个两难的问题。

没想到女儿的担心却一语成谶，8年之后，也就是2016年，那台冰箱的日本厂家真的干不下去了，彻底退出了家电行业。但这家公司却没有彻底关闭，依赖其早已布局的医疗和环境保护领域，成功转型为一家科技公司，目前依旧是一家具有创新活力的盈利公司。

《爷爷家的老冰箱》是拙作《与女儿谈管理》中的故事，在8年后，我终于悟出了那个两难问题的答案：厂家卖的不是冰箱，而是"口碑"！厂家要的不是单一产品甚至单一产业的利润，而是持续生存的能力！

对于任何一家企业，转型都是一件极其困难的事，其难点就是进入一个新领域后，需要新的供应商、新的合作伙伴和新的客户，其中最关键的就是尽快获取新客户。对于新入者而言，一边要建立这些新关系，一边还要抵抗该领域既有竞争者的进攻，实在难以兼顾，因此成功的概率往往极低。

竞争肯定是避免不了的，那么转型成功的关键就成了如何快速获得新客户，建立新关系。如何实现呢？本质就是信任！转型成功的关键是新市场和新客户的信任！而能够实现"跨界"传递"信任"这一信息的就是"口碑"。

在原来的商业领域中,厂家通过"用不坏"的产品,给消费者传递了一个信息:厂家愿意为消费者始终努力生产质量高的、用不坏的产品,从而建立良好的口碑。这个口碑带来了信任,信任也是消费者对厂家传递信息的回馈。

从厂家传递信息到消费者回馈,完成了一个闭环,建立了一份情义。在传统文化中,情义是必须要报答的。报答的方式就是:无论他做什么产品,我们都愿意给他们一个机会试试!口碑,是用来"续命"的!

厂家的平均寿命不长,需要续命。相比之下,还有平均寿命更短的,如创业团队。因为工作的关系,我经常和创业团队交流,每见到新的创业团队,我都会问一个问题:什么是最重要的?每次得到的回答都是:项目的成功最重要!

错了!创业项目的结果大概率是失败。对于创业团队而言,信任才是最重要的,无论这个信任是来自投资人还是市场,或是团队成员,只要信任还在,即使这个项目失败了,换个项目还可以从头再来!

不久前,我和女儿拿出几年前出版的书,就这一个故事重新"复盘"。

女儿突然问:"爸爸,厂家在最初这么选择的时候,也就是选择做品质好的冰箱的时候,他知道会有退出的这一天吗?"

女儿问了一个好问题,这是一种有意识的、刻意的选择吗?

或许,最初的选择就是所谓的初心。

创业者的竞争力

> 科学发现往往是建立了自然界不同物质之间的新联系。技术创新则往往是发现了解决某种问题的新思路。

2020年，我受中国科大创新创业学院的邀请，面向全校开设了本、硕、博通选的通识课程"创业实战中的创新思维"。承蒙同学们的厚爱，该课程2021年就在同类（班级人数分类）通识课中排名全校第二位。

课程中除了理论讲授之外，我还精心选取了不同阶段的创业企业，三分之一的课程采用创业公司实地教学模式，学生带着提前准备的问题进入授课场景；通过实地参观、创业者分享和圆桌讨论，打破原有教学中师、生两个角色的局限；引入"创业团队"和"行业专家"多个角色，每一个角色都既是"老师"又是"学生"，不同角色之间身份互换，全方位思想碰撞，在课程中解决学生的问题；课后还需完成总结报告。

通过教师、学生、创业者、行业专家多个角色的共同参与，打造课前、课中、课后的创业全场景，使学生完全沉浸其中，提升学习效果，实现教学目标。

作为教师的我，侧重于引发思考、深化讨论、强化理解、凝练感悟的角色定位，在企业家和学生的讨论中承上启下、插话点评。

有一次的课程安排，是班级全员与合肥宏晶微电子的创业团队交流。

有同学问创始人一个问题:"你们创业已经13年了,芯片领域的新技术层出不穷,你们有核心技术吗?又是如何保持技术的持续领先呢?"针对这一问题,创始人刘伟校友说明了公司现有的核心技术,介绍了通过招募新员工加入、团队持续学习和不断强化专利申请等方式保持技术敏感性的技术竞争策略。

刘伟说完后,我插话表达了我对于科学发现和技术创新的个人思考:科学发现往往是建立了自然界不同物质之间的新联系;技术创新则往往是发现了解决某种问题的新思路。

科学发现的关键是新联系。新联系有两种可能:一是发现了原以为无关的物质之间的关系;二是发现了新物质,则必然出现一系列的新关系。

技术创新是解决某种问题的新思路,也有两种可能:一是对原有问题的解决方法提出了新思路;还有一种是重新定义了问题本身,问题变了,思路必然更新。

但是，对于这两种"新"的评判标准存在差异。原有问题的"新思路"里的"新"，往往采用成本作为评判标准。解决同样的问题，成本下降了，"新"就有意义；若是成本上升了，"新"也就没了意义。来自问题重新定义的"新"，评判标准则成了"价值"。大多数问题，往往都基于一个系统，解决问题的目的是服务系统目标，可见某个问题的价值是与系统相关联的。问题的价值自然也决定了解决方案的价值，问题价值高，方案价值就高；问题不值钱，方案自然没价值。重新定义问题，往往意味着跳出原有系统，站在一个更具价值的系统中来重新定义原有问题，这意味着问题的提法发生了改变，且这个改变能够提升问题的价值，进而提升解决问题思路的价值。

企业与大多数高校基础研究工作的本质差异，就是更关注技术创新。这种关注聚焦于成本和新问题。大部分科创企业最初设立的基础，往往就是找到了一项更低成本的技术创新方案，或是发现了解决更具价值问题（通常所谓的"痛点"）的技术创新思路，创办企业的目的就是验证以上方案或思路。所谓的企业成功，就是验证成功了；反之则意味着失败。当然，验证过程也离不开管理、市场、资金等条件。

说完了我的个人思考，我解释了插话的理由：一是希望同学们明白科学发现和技术创新的差异；二是希望所有的科创企业团队，去努力关注和找寻那些随着社会经济发展越来越具价值的问题。

定义问题的能力，才是最本质的竞争力。

目标的层级

> 所谓效率高，就是通过解决一个问题，不仅达成了看得见的目标，还逼近了高层次的目标。

"爸爸，你最希望我上哪所大学？"女儿突然问我。

"你只要尽力了，上哪一所我都高兴。"我没有任何迟疑，接着说道，"不过，如果你有了候选学校，我很愿意和你一起讨论讨论。"

"好吧，"女儿发现我洞穿了她的企图，"看来还是得我自己去先了解信息了。"

看到女儿走了，夫人埋怨我："女儿这么忙，你就不能帮着她收集信息，省点她的时间？"

"我帮她的目的是什么？"我反问。

"不就是挑选出适合的学校吗？"夫人说道。

"你有没有想过，我不帮她的目的又是什么呢？"我接着反问。

"嗯……"夫人犹豫一下，"不就是为了锻炼她的选择能力吗？"

"你觉得哪个目的更重要？"我再次发问。

"后者当然重要，但可以慢慢锻炼。"夫人还是不太同意。

"重要的就是难掌握的，就是等不得的啊！"我解释道，"很多时候我们的沟通，似乎都是为了一个明确的问题和目的，但目的肯定不是唯一的，

一定还隐含着层级更高的目的。所谓效率高,就是通过解决一个问题,不仅达成了看得见的目标,还逼近了高层次的目标。"

"有点道理。"夫人点了点头。

"培养孩子,不仅要学会解决看得见的表面问题,还要让她看到隐含的问题;不仅要达成直接目的,更要有助于高层级目标的达成。这才是父母和家庭区别于学校的地方而必须承担的重要责任啊!"

附加延伸

一个企业家学生问我:"我对部下要求:请给我选择题,不要给我问答题。您觉得对吗?"

"重要的不是题目形式,而是你有答案,且清晰地了解答案与过程的关系。"我看他没听明白,解释道:"你能通过选择题的答案,分辨出员工的能力,并据此给出他提升的方向,这才是最重要的。"

见义勇为的环境

所谓的环境可能有两个内涵：一是看得见、摸得着的，如整洁、卫生等；另一个则是看不见的"秩序"。

因为我在日本学习工作的缘故，女儿小时候在日本生活过很长时间。记得女儿 4 岁第一次到日本的时候，在成田机场到市内的电车（日本的轨道交通）上，看到车厢里没有人，就从座位上站起来在车厢里跑动，我因为和夫人聊天没有觉察，没想到她刚跑几步，就被一位乘客拦了下来，用语言告诉她不能跑。女儿一方面听不懂，一方面比较兴奋，根本不予理睬，急得几位乘客又是大声警告，又是直打手势，又是大声提醒我，我赶快起身拉回女儿，同时向几位乘客致歉并道谢，然后告诉女儿这样做的危险性。女儿估计早已经忘记了这回事，但这可能是她对日本的第一印象。

在我独自生活在日本的日子里，我的印象中日本人大多是不喜欢与别人主动搭讪的，总是一种拒人千里之外的感觉。但自从女儿去了日本，在之后的日子里，我发现经常有人喜欢"多管闲事"，帮我教育孩子。这样的时候多了，我才发现自己最初的经验存在偏差，之前没人跟我搭讪主要是看不出来我是外国人，而一旦因为孩子的原因，发现我是外国人了，日本人（尤其是老人们）是很喜欢"教育"我的。说是教育，其实是善意的提

醒,很多知识和经验,我都是这么学习来的。

这种情况多了,我不禁开始了思考。日本人为什么要"多管闲事"呢?我觉得很重要的原因是存在着他们自己引以为豪的东西,同时希望通过"多管闲事"来保持或维系这种东西,我觉得这就是"环境"。这里所谓的环境可能有两个内涵:一是看得见、摸得着的,如整洁、卫生等;另一个则是一种看不见的"秩序"。这种秩序包括坐车不霸座;开车不抢行、不抢方向盘、不骚扰司机;再大的官做错了事,也要鞠躬、道歉、辞职。这个秩序环境,远比前者看得见的"环境"重要得多!

前几天的课堂里,一位学员在讨论中认为共享单车是个好项目,因为其极大地方便了用户,而且强调好项目的标准不就是提供增值服务、让客户占便宜、超出预期嘛。这一观点也得到了很多学员的赞同。我的观点则有所不同。

我曾经专门写过一篇文章《图便宜和占便宜》来讨论这个概念。企业希望让客户"占便宜"和客户希望"占便宜"(也就是图便宜),这两者可是有着本质区别的。当客户希望占便宜时，这时候的"预期"已经发生改变了，"占便宜"变成了理所应当的了，没占到便宜反而成了问题。我经常谈到企业要在市场中争夺"好客户"和"优质客户"，那么什么是好客户和优质客户？标准可能很多，但有一条是基本的和必需的，就是不图便宜！不是一上来就打算占便宜！

从另一个方面来说，如果一家公司的一个产品，本来是希望争夺优质客户的，结果却把优质客户全变成了想占便宜的客户，我觉得这不仅是商业上的失败，而且会给整个生态带来深远的影响。

环境科学领域有个法则，即当一个区域的生态被改变后，即使人类在这个区域的活动停止，甚至离开，生态也不可能回到原状态了。它的植被、动物都会发生变化，会在新的基础上构成另一种生态。因此，对生态的改变要极为小心。

我觉得这条法则同样适用于社会领域，一旦客户都变成了"占便宜"的，他们就永远回不去了。优质客户就会越来越稀缺，成了"保护动物"。很多时候，营造一个好的环境需要大家一起努力，但一次破坏规矩的行为，就会毁掉许许多多人长期努力的结果，而所有人却不得不接受随之带来的坏结果。当我们欢呼可以得到不要钱、却有价值的东西时，常常也就毁掉了一个产业的前途，其实毁掉的可能不仅是单个产业，而是更多产业，因为真正被毁掉的是我们自己成为优质客户的可能，我们把自己全毁了。

一家超市，本来是无条件退货，然后想占便宜的人就开始"钻空子"，很多东西吃了一半就以不满意为名跑去退货，甚至退掉多年前购买已经用坏的电器，于是这些成本就被加到了守规则的无辜者身上，当事情进一步恶化，整个社会的价值观就会轰然倒塌，那时恐怕合理的退货都会变得非常困难。

如果你不想出现这种结局,"多管闲事"可能就必不可少了。其实,这不是"多管闲事",这是"见义勇为"!以前见义勇为,都是当你面对看得见的、针对个别人的伤害时挺身而出;而本文所谓的见义勇为,是当你面对看不见的、针对所有人的伤害时,要挺身而出。显然,这更为重要!

为了涌现出更多的这类见义勇为行为,我觉得相对应的鼓励措施和制度需要予以调整,因为这就是见义勇为所必需的"环境"。

如果你被踢出了家长群

> 凡事皆教育，家长群的管理方式，其实也是一种教育，而且可能是比孩子的教育更重要的教育。

随着信息技术的发展，老师和家长之间的联络方式也在不断变化。现在比较流行的方式是微信群。这个群一般由班主任建立并担任群主，邀请各位家长进入。

建立微信群的主要目的，大多是让家长及时了解学校的教育理念及传达一些通知，当然很多时候班主任也希望各位家长献计献策，共同配合，更好地帮助孩子健康成长。

但自从有了家长群之后，就经常传来有家长被老师踢出群的新闻。家长被踢出群的原因，可能各不相同，但究其本质大多是家长与老师之间教育理念的不一致。

这其实是正常的，因为家长本身受教育程度不一样，成长环境不一样，价值观不同，所以对于孩子的教育理念不同，这无可厚非。

但是大家总是想把自己的观念强加给别人，或者希望自己的理念被肯定、被认可，于是，在群里去找共鸣，给自己的理念找支撑，同时又要打击和自己不同观念的人，这就形成了家长群里的派系，才会衍生出各种奇葩事件。

这里不想围绕教育理念再做延伸讨论，我倒是对于微信群的管理有了一点兴趣。这可能包含两个问题：一是老师能不能把家长踢出群；二是家长被踢了之后，该如何处理。

关于第一个问题，我个人认为是可以的，因为群主是默认的管理员，在不与国家法律和微信管理规则相抵触的前提下，群主有权制定该群的"游戏规则"，并在规则的实施过程中，对与己不同理念不同的"捣乱分子"予以"开除"的处罚。

但家长被"开除"之后，目前看来似乎有两种选择：或是带孩子转学，寻找符合自己教育理念的学校或老师；或是改变自己的教育理念，在向老师承认错误后，重新加入。

是否可以存在第三种选择呢？也就是允许家长在不改变其教育理念的同时，保留"进群权"呢？或者说，这种选择的必要性如何呢？可能还是有必要的，因为存在几点益处：首先，有利于不断完善学校和老师的教育理念，古人说兼听则明、偏听则暗；其次，有利于提升所有家长对教育的认知，对不同理念的比较，可以让更多家长对教育有更多思考，人家的水平提高了，对学校和老师肯定更有利，其实这可能本就是组建微信群的初衷之一；最后，均衡老师的管理权，防止助长特权，很多时候正是不知不觉中助长的特权意识，带来"寻租"和腐败。

由此可见，尽管第三种选择的存在，可能会影响老师的威望和形象，但显然利远大于弊。所以，可能要设置专门的机制，在听取双方申诉后，允许被踢出群的家长，体面地回归微信群。而对于这样的决定，双方（包括学校）必须无条件接受。

凡事皆教育，家长群的管理方式，其实也是一种教育，而且可能是比孩子的教育更重要的教育。

有用和没用

真正的有用，不在于外在的收获，而在于自我的成长。

前几天被问到了一个问题：什么样的阅读有用？这个问题让我想起了被问过的另一个问题：什么样的管理有用？

不过我既不想回答阅读的问题，也不想回答管理的问题，只想谈谈我对于学习这件事的感悟。

小学的时候，我觉得最有用的学习方法是能让我次次考试得满分。别人说得满分的关键是别出错，于是我每次考试都一遍遍地检查。尽管还是有很多次考试没得到满分，可我养成了细心的习惯。

中学的时候，我觉得最有用的学习方法是让我次次得第一。别人说关键是能做别人不会做的难题，于是我拼命刷难题。尽管没得几次第一，可我养成了挑战难题的习惯。

大学的时候，我觉得最有用的学习方法是让我毕业能找个好工作，别人说关键是联系实际，多实习。于是我有时间就参加实习。尽管毕了业就泯为众人，可我养成了做事接地气的习惯。

回头看看，满分、名次、实习，当初觉得有用的东西，似乎并没有让我

得到什么。反而是当时可能根本没有觉察到的东西——细心、不怕困难、做事接地气,最终让我获益良多。

所谓用处,大多是对应着某个目标而言的;有用与否,则是针对能否有助于实现目标来说的。而设置目标,是和每个人的认知能力有关的,认知能力不同,则关注点也不同。

古人云,认知有三个境界:见山是山,见山不是山,见山还是山。境界不同,关注点也不同。

"见山是山"的时候,你的关注点可能是"山";"见山不是山"的时候,你的关注点可能是"环境";"见山还是山"的时候,你的关注点就回到了"自我"。

关注点不同,目标就不同,同一件事,是有用还是没用,就完全不同了。但最终的关注点,是殊途同归的,必然是"自我"。

到了今天,我终于明白最好的学习方法就是"学习"本身,三大法宝:好奇心、思考、总结。只要坚持下去,就一定能收获最有用的东西。

其实,真正的有用,不在于外在的收获,而在于自我的成长。

无论是阅读书籍还是管理企业,道理都是一样的。

名校的"视角"[1]

> 名校带给我们的视角是"内视",这个视角是对自己的审视,对自己的认知。

非常感谢陈屹[2]老师,花了整整两个小时,给我们带来了这么精彩的分享!陈屹老师在演讲中还多次提到了对中国科大的认可,非常感谢。

陈老师今天做了《名校离我们有多远》的国际教育分享,给我们带来了一个特别好的主题,就是"名校"。今天我一边听陈老师的演讲,一边思考一个问题,到底什么是名校?到底名校要给我们带来什么东西?在这趁热和大家简单分享一下我的思考。

其实上述这两个问题的本质是一样的,就是名校到底带来了什么。

名校带来的,我认为不是在名校学习的过程,而是从这个学校出来之后,你能得到的一种东西,或是你所具有的一种能力,这个东西或这个能力才是最重要的。

陈老师在演讲里提到,在她先生考大学的时候,也就是 1978 年,中国科大在考生们心中的排序是全中国最高的,但今天的情况已经有所不同。我听说有一个非正式的调查,很有意思,有人询问了不少刚刚考入大学的

---

[1] 本文为第七期"科二代"养正大讲堂的总结发言。
[2] 陈屹:旅美作家。

重点学校学生,问他们对于上大学有什么样的感想。很多孩子的答案是:如果没考上清华或北大就很倒霉!提问者很奇怪,反问为什么?孩子们解释道:因为我们这个群体都是要上清华或北大的,最后的结果是我的同学们都去了,我却没去成,所以感觉很倒霉。

我不想评价这个非正式的调查,也不想评价这样答案的孩子们,我只想说明,视角非常重要!甚至我对名校的定义就是,对于所有从这个学校出来的人来说,他们得到了一个看问题的视角,这也正是名校成为名校的根本原因。

在中国人心中,有很多所谓的名校出来的学生也会有视角,很多时候我们发现这个视角包含了两个消极的、不适当的维度:一个维度叫作"俯视",产生的是看不起他人;另一个维度叫作"仰视",又产生了被别人看不起。两种维度背后隐含的是引发对立的"不平等"。不少孩子处在这样的不平等的视角下。不平等的生存环境,让孩子们感受到了极大的焦虑。

当然我们的家长也不可能独善其身,其实他们更是活在对比中,两个家长在一起聊天,说起你孩子上了哪所学校,我孩子上了什么学校,然后马上就开始进入了对比的环节。所以家长们的焦虑也非常严重。

那么，真正的名校到底应该带给我们什么样的视角呢？我觉得是"内视"，这个视角是对自己的审视，对自己的认知。我刚才听了陈老师说的一个案例，她很谦虚地说她女儿误打误撞参加了一个活动，在活动中遇到了很多优秀的孩子，因此有了很好的心态。其实这就是一种内视的结果。

内视的结果有两个：一个是你找到了自己真正喜欢的东西，一个是你有了一个好的心态。为什么呢？因为一堆优秀的人在一起，你一定无法处处优秀了，这一定会逼着你反思自己，找到自己真正喜欢、也真正擅长的东西，而一旦找到了这个，你就自然不会再关注"看不起别人"或"被别人看不起"的事儿了。在这个过程中，心态也一定会有所变化，明白每个人都有不同的特长，需要的是相互学习而非彼此看不起。

因此，我说内视是平等相待的关键，也是名校应该帮助孩子们成长的关键。

我觉得从这一点而言，我们的教育、我们的学校，还有不少的差距，甚至有时候我们走向了相反的方向，以至于我们的"名校学子"们的视角，让我们感到奇怪和遗憾。

正是基于这个考量，我们成立了中国科大管理学院的教育分会，把从事教育和热心教育的校友们聚集在一起，打造我们身边的"名校"，我们梦想把我们的每个家庭都打造成"名校"。这所"名校"的任务，就是培养"内视"的视角，把更多的孩子们和家长们，从"相互看不起"里解脱出来，找到自己、找到幸福！

这是我今天在现场受陈老师课程的启发产生的思考，非常不成熟，请大家多多批评指正。谢谢大家！

目标、流程与方法

方法在帮助我们与世界产生关系的同时，也改变着我们自身；流程在帮助组织实现每个目标的同时，也改变着每个员工和组织自身。

战略管理和流程改进[①]

金 淇

战略管理是我在 MBA 课程中最期待的课程。我就职于世界 500 强企业，从事财务工作。我们公司是大型工程机械制造企业，生产工艺、组织关系和跨部门合作相对比较复杂。我们会把这些复杂的工作，按简单明了的工作流程进行切分。作为财务同样也有很多工作流程，每年的工作目标之一就是流程改进（包括跨部门），从中发现成本节约的机会或工作效率提升的机会。什么是战略管理？流程改进到底和战略管理存在着什么关联呢？

带着这些好奇、疑惑迎来了战略管理课程和赵征老师。我们对于

[①] 说明：在笔者讲授的战略管理课堂上，融合了课程讲授、案例精研和企业家分享等多种教学模式。每位同学除了深度参与课程之外，还需要提交一份有最多字数限制（不超过800字）的课程作业，记录自己学习过程的感悟和感受。笔者认真阅读每一份作业，对于每一份优秀作业都予以点评并分享。这里选登二篇同学作业及老师点评。

战略管理的理解与深入的学习是从"木屋烧烤"案例开始的。赵老师在第一轮的案例讨论中就提到，我们起码在第二、第三轮才能到起点。当时很不理解，提升客户体验，我能想到一堆的方案，有这么难吗？我们组在第一轮展示时，我们的方案获得了大家一致的认同，获评最佳团队。战略是目标、是方向，而且需要聚焦、实施并且得到验证。但是到了第二轮，我们进一步讨论时发现，我们的方案无法实施，我们只能换了第一轮所想的方向及方案。在第二轮展示时，我们被问得哑口无言，我们的回答是无力的。老师和同学们的灵魂拷问让我们回到了原点。我们的目标客户到底是谁？我们想要达到的目标是什么？怎么去验证这个结果？果然，两轮后还没有到达起点。这些尖锐的问题及老师的点评点醒了我们组。最后一轮，木屋烧烤创始人隋政军也来到讨论现场，我们则选择回归本源，站在消费者的立场去思考，用最朴实的可执行的方案获得了隋总的认同。隋总认同我们方案的原因是我们从最细小的方面提升了客户的用餐体验,而不是一味地追求新颖的、独特的却无法落实的想法。但回归到战略,企业还是要更关注战略竞争,让对手无法模仿,取得长期优势。

在三轮的战略管理案例分析过程中,始终在锻炼、培养我们的战略思维。战略没有制定好,既不是分析方法的问题,也不是制定手段的问题,而是思维高度不够。这些对我的工作大有启发。流程是实现战略目标、达到战略使命的任务或者行为的具体体现,我们需要从公司目标出发,注重每个流程的细节、方向,在现有的流程中聚焦问题步骤,不要求多求大,但要求准,并能与公司的战略相契合。对于这些问题步骤,制定可执行的改进方案,并不断跟踪改进方案,验证方案的有效性,形成闭环。

学了战略管理这门课程,让我对自己的工作有了新的思考方向、新的认知。希望我能不断提高自己的"战略思维"。

赵 征 点 评

一位 MBA 学员问我:目标是管理的关键吗?

我反问:为什么呢?

学员回答:管理不就是让组织完成既定目标吗?

我继续问:每一个小学生都希望自己学习成绩好,每门课都考 95 分以上,这算是好的目标吗?

学员回答:当然算。

我再问:既然每个孩子都这样设置目标,为什么到了期末,还是会有成绩差异?到了初中、高中,差距甚至会越来越大呢?

学员:……

目标,对个人重要,对组织则更为重要,原因之一就是目标确定了方向。一个目标，往往由大量不同工作（事）组成。方向一旦确定，工作集合就大致明确了，需要完成的事就大致清晰了。

光把要做的事情列出来是远远不够的，还需要做事的方法。就像是小学生们的学习结果，目标相似、结果不一的原因，其实就是方法。方法得当的，目标就完成得好，效率越来越高，成绩也就越来越突出。方法也不能一成不变：一是要结合自身特点不断改进，找到最适合自己的方法；二是要根据不同工作结果，持续优化迭代，才能始终保持高效。

对于组织而言，除了个性化改进和优化迭代，方法还需要面对人员众多且频繁流动的挑战。对于个体而言，所有的工作都是自己做的，因此总结方法比较容易，而且一旦学会一个方法，一般也不太会再失去。但组织有很大不同：一是参与工作的人员较多，方法涉及不同人员和岗位，形成一种方法就不太容易；再者组织人员频繁流动，好不容易总结得来的方法，可能会因为个别关键员工的离职，又造成方法的得而复失。因此，方法固化本身也成了需要解决的难题。

为了更好地解决这些问题，区别于个人方法，我们把组织的方法起了一个名字，叫作流程。目标既是流程的结果，也是解决流程间冲突的依据和原则。组织通过流程进行岗位分工，便于形成和改进方法；同时通过流程进行员工协同，便于解决分歧、固化方法。

通过流程实现工作目标，这本身就是方法；实现不同的流程，同样也需要方法。一个组织目标，就是一系列方法的嵌套。一个目标能否顺利实现，取决于流程设置是否得当，取决于方法能否奏效。一个组织能否生存发展，取决于不同目标的实现能否始终高效。

好的目标需要流程支撑，而流程则需要从细节着手。我在战略管理课程中多次强调的以小见大，就是希望"在细节中始终显现目标"。金淇同学小组在案例讨论中的成败，正反映了小组同学对目标、流程和细节方法的不同把握。

目标，决定了人希望和世界发生何种关系；方法，则是如何发生这个关系。看起来方法是在帮助我们与世界产生关系，其实方法也同时改变着我们自身。流程帮助组织实现每个目标，流程也同时改变着组织自身、改变着每个员工。一个组织，能采用什么样的方法、能采用什么样的组织形式，其实与组织和员工的特征密切相关。

当我把跑步配速提升之后，我给自己买了一双竞速鞋。教练曾告诉我，没有那个能力，再好的鞋对你也是伤害。教练还告诉我，跑步从来不是为了"撞线"，而是为了强大自己！

"深度思考"的深度思考

隐性知识的质量取决于思考的质量：思考程度浅的，质量就差一点；思考程度越深，质量也越高。

战略管理和深度思考

吴 甜

在赵征老师的战略管理这门课上，我学到的并不是具体制定战略的方式方法，而是一种思维，一种称为"战略管理"的思维。最初在课堂上，我并不太能理解赵征老师的降维打击方式，但随着赵老师的每一次对每一位同学的"打击"，其实都是一种启发和引导，引导我们纠正自身思考问题的角度，引导我们完善自身的思维方式，从而能形成属于自己的"战略管理"思维。在否定后的追问，在追问中的启发，在启发中的总结，总让我们产生一种柳暗花明的获得感，而这种获得感相较于早已习惯了的认同感，更发人深省，令人受益匪浅。

1. 何为深度思考

对于任何问题和任何问题的解决方法，都需要我们经历一个深度思考的过程。在这个碎片化知识大行其道、娱乐至死的时代，深度思考对每个人而言，看上去是一件非常艰难又宝贵的事儿。那到底何为"深度思考"呢？在这里，我觉得将它理解为一种过程比一种能力更恰当，这是一种通过层层追问，剥茧抽丝思考出问题本质的行为，是一种不断提升的过程，而不是畏首畏尾、顾此失彼、瞻前顾后的代名词。

2. 为何要深度思考

相较于需要费脑思考的工作，大多数人更愿意做一些重复的、无需动脑的事情，这就是人的惰性。如果没有深度思考的过程，我们将永远处于浅层的思维模型和方式中，增加再多信息量，也只是低水平重复，对于价值的创造和实质问题的解决毫无益处。

3. 怎样做到深度思考

通过三轮的案例展示，在赵老师不断的追问中，我们学习到了"定义"的重要性。只有对问题本身和概念本身的定义明确了，才能思考出问题的真正答案。

想要深度思考，必须用多元视角来看待问题，我们需要有个巨大的知识库和强大的工具箱，在思考时可以随时拿来就用，因此知识的积累和管理显得尤为重要。

想要深度思考，必须具备系统思维来解决问题，我们需要树立全局观，抓住整体，才不会在错综复杂的问题中迷失方向，才不会在堆积如山的工作中理不清头绪，更不会在战略统筹的制定上看不清全局。

在真正拥有了"战略管理"思维后，通过深度思考，对所发生的冲突进行判断，才能做出最终的正确决策。有句话说："我们懂得了很多道理，却依旧过不好这一生。"真正的深度思考，并非理论上的巨人、行动上的矮子，必须是和行动联系在一起的深度思考后的行动，才是真正创造价值的所在。

学会做一个深度思考的人，必将会"不同凡响""豁然开朗"！

赵 征 点 评

为何要深度思考，吴甜同学在作业中做了一些讨论，但似乎仍旧有点模糊。需要再"深度思考"一下。

人的生命过程，就是一个社会化过程，个体经过社会化训练，成为社会成员在社会中生活。社会化也是人类社会运行的前提，是人类文化不断延续和发展的条件。个体社会化有四个基本方面：基本生活技能、社会规范、自我观念、社会角色。

很多人认为社会化是一个模仿和学习过程，我却不太认同。我认为社会化是在模仿和学习基础上的个人知识生产的过程。

在我看来，每个个体的社会化，其实包含了两个环节，一是和其他个体合作，二是形成自我人格。两者相辅相成。

在每个人的一生中，与其产生实际关联的其他个体数量是有限的，即实际合作者的数量是有限的，而且这些合作者也仅限同时期健在的个体，已经去世的个体显然无法合作。

但是，还存在着另一种合作，即知识生产的合作。

首先要说明的是，知识分为显性知识和隐性知识两类。显性知识是能够用语言、文字、肢体等方式表达清楚的知识；而隐性知识则是虽然知道，却难以表达的知识。比如，无论多少次观看驾驶汽车、飞机，包括骑自行车的文字和视频，如果你不持续尝试，就无法真正学会。无论任何世界冠军传授多少运动技巧，如果你不长期练习，就无法成为高手。无论看多少遍例题，如果你不实际做题，就无法掌握定理。无论你看多少营销理论和成功销售案例，如果你不亲自拜访客户，就无法成为合格的销售员。这个世界上大量的知识都是以隐性形式存在的，可显性化的部分较少。隐性化的知识，往往是专属的，只能靠自己生产，这个过程就是所谓的"认知"。

　　隐性知识的生产，是建立在已有的、其他个体的显性知识基础之上的。而运用这些知识来进行自身认知活动时，就意味着与这些知识的创造者建立起了一种合作关系。当然，在这种合作关系中，其他创造者经常是缺席的，在场的仅仅是他们的知识。这种关系首先表现为模仿和学习，但模仿和学习不是终点（尽管很多人仅满足于应试，将其当成了终点），真正的终点是生产出自己专属的隐性知识。所生产的隐性知识也许是崭新的，也许是已有的，这并不重要，关键是隐性知识是生产者自己的。这个生产过程是超越时空的，由在场的生产者和所有不在场的认知者共同合作完成。知识生产既是一种个人性活动，也是一种合作性活动。

　　生产如何进行呢？生产是建立在对上述"合作者"的知识理解基础上的再加工，理解和加工都是依靠生产者的思考完成的。换句话说，产品（隐性知识）的质量取决于思考的质量：思考程度浅的，生产的隐性知识的质量就差一点；思考程度越深，质量也越高。

　　所谓的质量标准之一，就是所生产知识的真理性。任何生产者都无法确保真理性，而是需要通过与其他生产者通过争论、辩论等方式进行更深程度的思考。即便如此，隐性知识的真理性仍旧可能是暂时的，还要等待实践的检验和证明。因为需要实践证明，显性知识与隐性知识的存在方式也有所不同，大量显性知识的存在，往往需要进行学科化分类；而隐性知识的存在，往往是去学科化的，更多是以特定问题、通过深度思考而重新建构的。

希望通过以上的深度思考，能够加深对"深度思考"的理解。

问题的层次和价值

尽管预测和抉择都面对未来，但前者面对的是认识论意义的未来，后者所面对的是价值论意义上的未来。

战略管理与"小题大做"

李 贝

时间到了10月，项目管理硕士的课堂学习已接近尾声。

战略管理作为收官之课，在开讲前就已收获许多流量。毕竟单"战略"二字，就足够吸引人了。鲜衣怒马，策定乾坤，每个人心中都有过一个逐鹿中原的沙盘吧，忽然就点燃了那脑补过的烽火狼烟。

但好像，和想象中的也不太一样。燃了又仿佛没燃……

"燃"来自课堂上头脑风暴的趣味，"没燃"则来自对"战略"的改观，由沙盘聚焦到"沙"。

我想起取快递的经历。

小区有3个快递代收点：蓝色的、紫色的和橙色的。蓝色的取件快，整洁，不出错。紫色的和橙色的取件慢，凌乱拥挤，有时出错。我和大家一样更喜欢蓝色代收点。

蓝色代收点小哥常在店里刷视频，橙色代收点的3位员工却总在

忙碌。问蓝色代收点的小哥秘诀何在,他说,胜在包裹编码。

代收点要给包裹赋码,进行入库(投递)与出库(取件)管理。有几种通用格式,蓝色代收点用的是"4位数日期-4位自由编码",紫色代收点是"货架号-4位手机尾号",橙色代收点是"货架号-4位运单尾号"。紫色、橙色代收点不用编码,入库更快。但出库时却要逐一查找,难免看错,顾客也要挤在店内等候。

那编码是怎样让蓝色代收点实现"取件快、整洁、不出错"的呢?

小哥说,他对4位自由码的编码方式是:首位按包裹形状编码,后3位是在货架上的摆放序号。这样他靠码就对包裹实现了四重定位:送达时间、包裹外形、摆放区域、具体次位,把文字信息视觉化了,取件匹配更快。此外,按形状分区更易摆放整齐。于是整个环节的效率提升了,顾客的体验也更好。仅仅用4位数编码,就让效果立竿见影,更重要的是,对于店员来说,切实可行、一学就会。

这一问,我忽然理解了为何赵老师曾敲点我们聚焦细节,注重可行性。提起改进方案,我们可能习惯性地强求重建体制机制,忽略了细节和终端。而在一个庞大的体系或成熟的模式中,疏通经络说不定比伤筋动骨的阻力更小、效果更好。

"一沙一世界",细微之处也有无穷的宇宙。聚焦于一粒沙,懂得如何小题大做,说不定能开拓更广阔的视野,取得更切实的成效。

赵 征 点 评

正和女儿聊天,恰巧李贝同学发来了作业。

我看完随手发给女儿,提了个要求:"蓝色代收点还能如何优化?"

过了十分钟,女儿回复:"如果不同外形包裹数量可以大致预估的话,可以考虑把包裹外形编码和货架的首位编码合并,即货架尺寸按照包裹外形适当调整。"

"这样做有什么好处?"我追问。

"可以减少一位编码,降低出错率;货架改造后还可以增加包裹吞吐量。"女儿回答。

"如果目前都是标准货架,不想大改呢?"我继续追问。

女儿犹豫了一会,"就分为大、中、小三个类别吧,在进门口的墙角设置大型包裹区域;把部分标准货架中间加一层,作为小型包裹放置区。"

"大型包裹为何要放在门口?"我问了个细节。

"直接把货卸在门口分拣,大的包裹就不用再搬了。"女儿解释道,"另外,在墙上画一道线,高过线的就算大型包裹,这样比较省事。"

其实,编码对于蓝色、紫色和橙色这三个代收点来说,属于经验问题。但我和女儿的对话所讨论的,不是经验问题,而是形式问题。这是两类不同性质的问题,前者靠的是经验观察能力,后者则是逻辑推演能力。逻辑推演之后,必须落到实践,这个过程中肯定还会遇到抉择问题,即有多个选项时选择什么,抉择的本质则是价值判断。依据不同的价值标准完成选择。最后,为了解决抉择问题,我们不得不引入超验问题,比如"效率是什么""发展是什么""责任是什么"。超验问题帮助我们思考不同的标准。

经常有企业家学员跟我感慨:老师,我每天都在不停地解决各种问题,如果哪一天我的企业能没有问题了,那就好了。

面对这样的问题,我一般都笑着回答:死了就没有问题了。无论是你死了，或是你的企业破产了，问题就彻底没有了。玩笑背后我想传递的事实是：企业也好，个体也罢，面对问题和解决问题，其实都是常态。

企业天天都需要解决问题，但解决什么样的问题，却反映了企业的发展状况。换言之，一家企业主要面对着的是什么类型的问题，一位企业家对于自身企业问题的提法，决定了企业家的层级，也决定了这个企业的层级。

我认为存在着六种类型的问题：重复问题、经验问题、形式问题、预测问题、抉择问题、超验问题。

如果你把每一天每一个个案都作为不同的问题，那就意味着每一个问题对你而言都是新问题，毫无疑问你的效率很低，你的企业处在最初始层级。这个层级的问题类型就是：重复问题。

初始层级的提升路径是概括出不同事物的共同点，这样就可以把解决问题的经验在一定程度上重复使用，提高处理问题的效率。经验问题是该层级的问题类型。

紧接着，为了提高经验的应用效率，就进入了形式问题阶段。所谓形式问题，就是把问题抽象出来，采用逻辑演绎的方式分析和研究。形式问题的第一步是"定义"。定义指把问题清晰分类。看到具体的问题，就知道属于什么样的问题，可以根据不同的问题分类，采用不同的经验。定义了问题，就可以把经验有针对性地归纳为不同的"算法"。围绕着问题的特征，去评估有效的算法。

有了算法意味着可以进入上一层级的问题类型了，那就是预测问题。预测的根本是推知未来，它既是经验观察，又是逻辑的分析和推演，是经验问题和形式问题的结合。

预测问题必然产生新的问题类型——抉择问题，即选择此项或彼项的可能结果已被预知。所以，这类问题不是在于未来会发生什么，而是在于应该选择怎样的未来。尽管预测和抉择都面对未来，但前者面对的是认识论意义上的未来，后者所面对的是价值论意义上的未来。

既然要讨论价值，那就必然引发标准所涉及的超验问题。诸如"效率是什么""发展是什么""公平是什么""善是什么"此类的问题，同前述几类问题大不相同。那么，这些超验问题是怎么形成的？它们究竟有何意义？

让我们以"效率是什么"为例。必须注意，它与"什么是有效的"这一问题在性质上不同。"什么是有效的"这一问题是一个经验问题，涉及的是效率的经验。日常生活中，我们能够区分有效和无效，所以，这是每一个有判断能力的人都可以轻易回答的普通问题。不过，在能回答此问题的人之间经常会就同一件事在有效性判断上发生分歧，此人认为有效，彼人未必认为有效，如果意见分歧很大，引起了争论，往往会各执己见，相持不下。假如经过一番争论，争论双方发现关键问题在于各自心中各有不同的效率之标准、有效之尺度时，"什么是有效的"这一问题中的主宾关系就会倒转，由询问"什么是有效的"转变成追问"效率是什么"。超验问题由此产生。

既然存在着不同的问题类型，就意味着解决问题的方法同样存在差异。所谓的管理，其实指的正是"问题"和"方法"之间的关系，目的是不断提高解决问题的效率。"问题"和"方法"之间的关系清晰了，就可以依据"管理"的结果来优化方法，或者更新"问题"的"定义"，不断提升管理的水平。

知识和学习

> 学是数据收集和积累，思则是建立模型。

有同学在我的"知识管理"课后的作业里，回顾了"知识管理"课程的课堂氛围，还把我的授课风格归纳为"怼"。师生一起认真地"怼"、开心地"怼"，大家课堂互动极强，精神高度紧张、注意力高度集中、思维碰撞火花四溅。在归纳的基础上，他还思考了课堂氛围和隐性知识的关系。他的思考值得拿出来仔细讨论。

在我看来，课堂学习与知识管理确实存在着密切的关系。这个关系中，首先要弄清楚"学"和"思"的关系。

孔子在《论语·为政》中说过一句大家都很熟悉的话：学而不思则罔。那么，何为学？何为思？为何会罔？

日本江户时期学者伊藤仁斋（1627—1705）认为"稽于古训之谓学，求于己心之谓思"。认真研习前人的教训，叫作"学"；把学的东西在心里仔细考量，叫作"思"。前人之教训各不相同，若是不去思考，要不了多久学习者就被"教训"弄昏了头。

学习是研习已有的教训，而不思考就会昏头。但是，思考什么呢？思考需要处理的对象是什么呢？看来，"学"和"思"的对象有所不同。

什么是教训？我认为是对日常生活中的"数据"经过处理后得出的经

验。以前能被记录的生活"数据"不多,但今天,日常生活所产生的"大数据"不仅已经被广泛记录,同时也已被大量用于分析以得出更多供人类学习、帮助人类进步的"教训"。

这个变化意味着两个不言而喻的共识:一是技术的进步使得获取数据的成本变低、效率变高;二是我们系统化认知能力在不断提升。单个数据往往都只是某个系统的片段信息,"大数据"及其相互之间的关系,让我们更系统地认知世界。

要通过数据及其关系认知系统,必然产生模型。我们使用数据建立模型,再使用模型帮助我们理解对象、认知世界。模型还帮助我们提高数据收集和使用效率,以现在世界每天产生数据的规模,如果没有适当的模型对数据予以有效分类使用,要不了多长时间,数据就成了垃圾,甚至成为灾难。

由此可见,学即是数据收集和积累,思则是建立模型。若是不建立模型就不停地积累数据,数据也就失去了应有的价值。

模型,是我们理解对象的一种结构化方式。建立模型的目的,是为了简化分析过程。任何的分析,其实都基于最初的假设。假设一般分为两类：一是对对象某类属性的假设；二是对模型本身的假设。

绝大多数分析的结果，都是证伪，而非证实。或是证伪了对象属性的假设，或是证伪了模型本身的假设。然后根据结果的判断，不断迭代对对象的认知和模型的优化。

对象属性的证伪，比较容易理解，即我们最初的判断有了偏差，需要重新假设。模型的证伪，却很容易被忽略，因为很多人有先入为主的习惯，模型大多是我们从前人或教科书上学来的，往往默认为对的，分析者对大多数分析结果的思考，都是针对对象假设的判断，而基本忽略了对模型好坏的判断。

一方面盲目相信既有模型，另一方面模型优化也较为困难。一个模型没有被数据证伪，就不能说明该模型对、别的模型错。更可能的情况是，该模型还凑合，但不排除还有别的模型更合适。大部分情况下我们不知道还有多少潜在的备选模型可能更合适。因此模型的优化往往只能依赖于建模者的经验和品位。

因此，优化模型往往有两条路径：一是简化模型，在没有明确的领域知识时，模型越复杂，可能犯错的地方越多；二是尽可能地发现备选模型，经过比较和借鉴，不断优化模型。

其实，以上关于数据和模型的思考，与人类的学习和思考有很密切的关系。今天，人类学习需要处理的对象一般是大量的数据；而思考需要处理的对象，就是模型。

弄清楚了学习和思考处理对象之间的关系，就可以定义我认为的"知识"和"学习"这两个概念了。

所谓知识，我认为是"加工工艺"，是处理数据和处理模型过程中思维和实践的"教训"。无论是处理数据还是处理模型，都有复杂持续的过程。预处理数据、提出假设、试验处理、迭代假设、再次试验处理、再次迭代……这一系列数据处理过程，以及提出模型、试验模型、迭代模型、再试验、再迭代……不断螺旋上升的模型处理过程，都会产生大量思维的"教训"和实践的"教训"。这些"教训"显然既不属于"数据",也不属于"模型",我将其称为"加工工艺","加工工艺"就是我认为的知识。由于每个人处理数据和模型的方式都有所不同,因此,每个人都存在着不同于他人的、自己独特的"加工工艺"(知识)。

在这个意义上,我认为"学习"分为两类。一是基础学习,是基于知识分享的学习,是一种"知道"。目的是学习前人或他人的"加工工艺",即前人或他人处理数据和模型的"教训"。二是持续学习,是基于知识生产的学习,是一种"创造"。目的是产生自己的"加工工艺",同时用自己的"加工工艺"得出自己的数据处理模型,并不断优化迭代自己的模型。

每个人在不同的学习阶段,学习类型的组合往往不同。通常的基础教育(中小学)和大学通识教育阶段,是以基础学习(知道)为主,持续学习(创造)为辅;但具备一定工作经验之后的学习(如 MBA 等在职教育),往往需要持续学习,这是一种创造性的学习。其核心方式就是在分享知识的同时创造知识。

知识分享有两种:一是阅读,另一种是对话。阅读是显性知识的分享,是他人将其知识书面化或文字化,供读者阅读。对话则大多是隐性知识的分享,分享交流的往往是没有书面化的知识。学习也相应分成两类,一边阅读一边思考,就是在别人分享知识的同时完成了自己的知识创造。不过这种知识创造只是读者单方面的知识生产;对话则完全不同,对话包含了倾听和表达,但倾听者和表达者的角色是交互的。倾听是知识分享,表达则是对别人知识分享的回应,这种回应是回应者的知识创造,回应又会形成对方的再次回应,同样也是对方的知识创造。于是,对话过程就成了双方共同的知识创造过程,这种知识创造是双方的,知识生产的效率也更高。

"知识管理"的课堂授课,正是按照持续学习的知识创造模式来设计的。通过教师的不断提问,引导学员参与思考、表达观点和展开讨论。在这样的持续交流互动过程中,达成了教学双方的知识创造,有效地完成了真正的学习。

选师父

> 成匠过程的非意图结果是职业精神的培养，如果这一点的培养失败了，即使技艺再高也不能算是匠，甚至会走火入魔，走上歧路。

昨天一大早醒来，脑子里突然冒出来个怪问题：如果金庸先生的武侠世界里，所有练武的只能剩下三个人，要替人类传承武艺，请给出这个三人名单。想了一天后，把这个问题发到了 623 微信群（我的指导论文学生群），没想到大家发言非常踊跃，几十人参与讨论。

最终得票排在前三位的是：张三丰、郭靖和周伯通。

其他入围的有：扫地僧、王重阳、独孤求败、风清扬、乔峰、令狐冲、石破天、张无忌、小龙女、逍遥子、王语嫣、黄蓉、韦小宝……

以上排名只是戏谈，不过值得思考的是传承的关键是什么。是侠肝义胆？是自身技艺高超？是选人眼光独特？还是有成功的弟子？

这个问题还可以延伸思考，所有家长们，如果允许替自己的孩子选师父，你该如何挑选？如果你想自己成为孩子师父，你该如何努力？

日本"寿司之神"小野二郎的二儿子跟着父亲学习多年之后，自立门户开了自己的寿司店，味道也非常不错，很受食客追捧。但当小野二郎被记者要求评价儿子技艺时，他严肃地回答："差得远呢！"

这个回答让很多人不太理解,首先,儿子的寿司味道真心不错,甚至很多食客已分辨不出与父亲手艺的差别;其次,父亲的店太小,一席难求,且从未有扩张打算,所以也不存在竞争;最后,儿子开店时已经40多岁了,做父亲的为何还要如此打击呢?

小野先生肯定算最正宗的"师父",既是父亲又是师父。但我认为他的评语并非站在父亲角度,而是站在师父的专业角度客观评价的,那么这个"差得远"中的"远",到底指什么呢?

日常生活中,当评价一个人的工作时,我们经常会用到一个词:专业。"某某很专业"往往是一种不错的正面评价。不过,我认为专业包含着两种类别:匠和匠人。

匠如何定义?我用数学语言来表达:均值高且方差小。均值高指平均水平高于他人,方差小则意味着这个高水平是稳定的、波动很小的。最简单而言,别人的平均分是80,你的平均分是98且从未低于95。

匠人如何定义?我还是用数学吧。匠的满分是100分,匠人则自定义满分。换言之，匠是受100分限制的，再努力也不会超过100分；而匠人则不受约束，自定义的满分是超越100分的。

这里有个常识，成为匠人必须先成为匠，不存在弯道超车。比如我连及格都考不到，但我自定义60分就是我的满分，所以我就是匠人了。自以为是当然没问题，不过在别人眼里就是笑话了。自定义能力似乎人人具备，不过只有那些起初被其他匠拒绝但最终又不得不接受的自定义，才算是匠人的自定义。

其实，成"匠"的过程，是一个自定义转为他定义的过程。这里的"他定义"指的是行业共识。行业是一个同行评议的评价体系，成为"匠"也是一个被同行接收并成为行业一分子的过程。杨过初入全真教时的年度考核大会，就是一套同行评议体系。不过，若一个人通过这套体系逐步深入甚至最终成为资深专家，他就彻底接受了所有的他定义，甚至成了这套定义体系的一分子，既是这套体系的受益者，也受到了这套体系的约束和限制。对于很多人而言，这意味着他已经失去了真正意义的自定义能力。

从匠到匠人，其实是自定义能力的恢复，这需要摆脱既有的、来自他定义的约束和限制，其中的关键就是自我否定。一个人在原有的体系里本已登峰造极、舒适自在，却要否定自己、否定自己登顶的体系，是很难做到的。否定还仅是第一步，匠人意味着还要凤凰涅槃，开辟新的天地。这需要对原有体系的深层思考和对原有意义的颠覆，并据此自定义出新的意义，新的意义往往又是会受到既有体系强烈抵触的。只有当新的意义经过了市场的检验和时间的考验之后，或许才能得到行业的共识，成为新的标准。对于没经历过这个过程的人，是很难想象其中的煎熬的。因此，对于绝大多数匠而言，满足现状可能是最佳选择；那些极少数人向匠人努力的，其中的大多数结果也将是铩羽而归；真正能成为匠人的凤毛麟角。

有一点尤其重要，成匠过程的非意图结果是职业精神的培养，如果这一点的培养失败了，即使技艺再高也不能算是匠，甚至会走火入魔，走上歧路。

回到选师父的话题，基础标准显然是"匠"；更高标准无疑就是"匠人"了。

可见，有职业精神和技艺高超，就可以成为培养匠的师父了；但若想培养匠人，就需要师父不仅具备职业精神和高超技艺，必须也曾经历过凤凰涅槃的自我否定，后者才是培养弟子成为匠人的关键要素。小野二郎先生所谓的"远"，或许指的就是这个要素吧。

按照匠人培养要求，我觉得金庸先生武侠世界中符合条件的可能有两类：一是在书中就写出了有意识的、自我否定经历的，如杨过、令狐冲、乔峰；另一类虽然书中没有自我否定的具体内容，但可以判断具有自我否定意识的，如独孤求败、风清扬、扫地僧、王重阳。

正写到这，夫人拿着《神雕侠侣》一边走一边说道："我还是想选小龙女……"话未说完看了几眼我的文章，笑着揶揄道："你不过一个教书匠，却来讨论匠人。"

我哈哈大笑，笔一扔，"夫人说得对！走，跑步去！"

关于"弯路"

如果目的地不是你自己的，无论你走了多"直"的路，对你来说都已经是弯路了。

有家长看了我的《与女儿谈管理》一书后，问如何才能让孩子少走弯路，特别是别再重复父母走过的弯路？

之所以称之为弯路，肯定是相对直路而言的。那么首先要搞清楚，直路是怎么来的，明白了直路的由来，弯路就容易理解了。记得我初次到西北地区开车，当地的老司机告诫我，要顺着车辙走，才不容易迷路，看不到车辙的路，就要特别小心。鲁迅先生说：其实世上本没有路，走的人多了，也就有了路。我再狗尾续貂补充一句：走的人更多了，就成了直路。这个道理很容易理解，因为大家都不想走弯路，因此一旦发现了更好的路，一定会一传十、十传百，于是最好的路就成了大家都走的路。

明白了什么叫直路，也就清楚了走直路的风险，那就是人多。尽管少走了弯路，但是竞争也就激烈了。万一碰到了路窄的地方，或是出现了独木桥，那么很可能有些人就被挤下了路、挤下了桥。那些被挤下去的，不管愿不愿意，都要多走些路了，不知道这是不是也该算"弯路"呢？

更重要的，无论是直路还是弯路，其实都隐含了一个重要的预设，就

是一定存在着一个确定的目的地。如果没有目的地,直路和弯路就失去了意义。

我的一个学生毕业时找了一家外资公司的工作,但他自己还是有点纠结,于是问我:"赵老师,你觉得我在这个公司,会不会是在浪费时间?"我回答:"如果你有明确的目标,那么无论做什么事儿,都会有所收获;如果你没有明确的目标,那么无论做什么事儿,都在浪费时间。"由此可见,只有先设置了目标或和目的地,探讨直路还是弯路才有意义。

有必要着重指出的是,这个目标或目的地是谁的目标和目的地。我问考生为什么要报考中国科大。他说"我妈觉得科大好"。我问创业团队的成员为什么要创业,他说"我的同学都创业了"。

在觉得回答可笑的同时,我们必须明白目标和目的地必须是当事人的!谁走这条路,目的地必须是他自己选择并认定的;谁做这件事,目标也必须是他自己选择并认定的。如果是别人定的目标和目的地,或是为了跟别人比而选择的目标和目的地,我只能说,无论有多成功,走了多"直"的路,但这段路本身,可能对你来说都已经是弯路了。

有很多创业的朋友问我，创业最大的收获会是什么？我说：创业的成功率不高，如果把成功当作收获，我担心你会失望。在我看来，创业最大的收获，就是让创业者有机会比别人多几次生死的体验。通过更多地了解别人和自身经历企业的存亡，更好地体会生死，因此更加包容！因此更加豁达！因此更加幸福！

弯路也好、直路也罢，都是针对目标的，如果目标不断变化而不可控，我们就要把过程也纳入目标体系之中，把过程本身的收获，变成支撑目标动态变化的基础。当走路使你的身心越来越健康的时候，你还会计较这是直路还是弯路吗？

早餐付账

逃单影响"信任",这种影响还会传递。

早上,我去熟悉的店吃早餐。

我先走到煎饺子处:"来10块钱饺子。"

店员甲:"给你,麻烦把钱付一下。"

我又走到做蛋饼处:"来个鸡蛋饼。"

店员乙:"马上好,先把钱付一下。"

最后来到汤水处:"来碗辣糊汤。"

丙店员:"给,请付下钱。"

我终于忍不住了:"我还打算要个鸡蛋,难道点一样就要付一次钱?"

老板看到是我,赶快走过来对店员们说:"这是老客人,吃完了一起付吧。"转头向我道歉:"理解一下,最近有不少逃单的!"

我没说话,抬头看看店里面四处悬挂着和墙上贴着的付款二维码,叹了口气,掏出手机默默把钱付了。

一边吃一边问夫人:"如果是你,多少比例的逃单,你会选择这样做?"

夫人犹豫了一下:"毕竟要冒着让所有顾客体验都下降的风险,10%?"

"那是你,对很多小餐馆而言,2%~3%恐怕就是极限了。"我苦笑着说,

"关键,影响的不仅是就餐体验。"

"还影响什么?"夫人好奇地问。

"信任!"我说道,"不仅影响,还会传递。"

吃完出门,一阵风吹来,好冷。

点菜的权利

> 很多人把付账当作请客者的责任，其实不然，点菜才是主人的责任，付账只是点菜的结果。聚餐的关键要素是菜，而不是钱。私房菜馆模糊了点菜和付账的关系，弱化了主人的责任。

最近，我做了一个决定：只要是我付钱，就要捍卫点菜的权利。

各位别误会，这不是针对共同进餐的客人和朋友，如果我请的客人和朋友愿意点几个自己爱吃的菜，我求之不得。我针对的是饭店，那些不让点菜的饭店。

这几年常去私房菜馆，环境好、隐秘且省事。所谓的省事，就是不需要点菜。私房菜馆规模都不大，厨房小、厨师少、菜式少，没有丰富菜单供选择，大都按照消费划分为几个标准，包括了硬菜、特色菜和时令蔬菜。去私房菜馆吃饭，往往只需要告知标准，剩下的就不用操心了。

去得多了，我发现了几个意外的变化。

首先，我竟然有了"甩锅"的倾向。以前每次餐后女儿若对饭菜不满意，我都觉得是自己的错；现在则不会了，你看我选的餐标这么高，所以都是饭店的错。很多人把付账当作请客者的责任，其实不然，点菜才是主人的责任，付账只是点菜的结果。聚餐的关键要素是菜，而不是钱。私房菜馆模糊了点菜和付账的关系，弱化了主人的责任。

　　既然我让渡了点菜的权利，那私房菜馆就应该帮我扛起这个责任啰。但很遗憾，大多数饭馆并不让人满意，反倒把点菜权利转换其可以滥用的权力。比如在利润率和菜的水准产生冲突时，优先考虑其利润率；或是减少每一桌菜的数量但同时预备共用的备用菜应对有可能的加菜……总之店家利用我让渡的点菜权为其增加获利服务，很多时候这种获利是以伤害顾客服务水平为代价的。

　　最后，其实顾客不点菜，对饭店而言也未必是件好事。菜品永远是一家饭店最重要的基础竞争力，顾客点菜其实是一种数据记录，有利于饭店进行菜品分析，不断提升菜品竞争力。取消顾客点菜，看起来饭店省事了、降低了成本，但丧失了顾客通过点菜对菜品进行一个基础客观评价的机会，会影响饭店不断提升和长期有效改善。

　　无论如何，我要珍惜我的点菜权，不让点菜的饭店我坚决不进了。

戒酒的快乐

> 成功创业的团队往往都需要过一道坎，就是每个人都能做到只算自己的账，不再算别人的账。老是盯着别人比例的团队，往往都会失败。简言之，合作就是不比较！

我戒酒了，成了酒桌上彻底的旁观者。旁观的好处就是可以多观察。

我发现，酒桌上的人与平常有点不同。比如，日常生活中，都怕自己吃亏，生怕别人多占了什么；但到了酒桌上，却都怕自己多占了，生怕别人少喝了。

我戒酒后总有人劝酒，最多的劝辞就是："你不喝显得我们占了便宜？"

我总是郑重回应："在你看来，酒桌上追求的就是让别人多占便宜，对吗？"

对方马上点头。

我就笑着说："那我不就是最高境界吗？让你们占尽便宜？你为何要拖我后腿，逼我退步？"

以前我不喜欢自斟自饮，觉得是喝闷酒。现在我的想法有所改变。大家一起喝酒，每个人都喜欢算别人的账，自己喝了多少，别人喝了多少；自己喝酒，则只需要算自己的账，自己满意了，就可以了。

接触了很多创业团队，成功的团队往往都需要过一道坎，就是每个人都能做到只算自己的账，不再算别人的账。自己觉得股权比例满意了，就合作，少去管别人的比例。老是盯着别人比例的团队，往往都会失败。简

言之，合作就是不比较！

近年来，有个时髦的概念叫作"大数据"。随着这个概念得到追捧，就有了一种倾向，似乎谁占有的数据多，谁就更有优势。同学们上课，有什么材料就要拷贝，U盘和硬盘的内存都越来越大，似乎还总有不够用的担心。

在我看来，人往往不具有处理大数据的心智能力，了解的数据和信息越多，可能就越烦恼。就像草船借箭，箭太多了，草人也吃不消了。简单来说，朋友圈信息量越大，快乐往往越少。

为何快乐与信息量成反比呢？因为人喜欢算别人的账，信息量往往都和别人有关，而别人的账算得越多，自己的快乐就越少。

有没有人能成正比呢？信息量越大，还越快乐？

我觉得很难，唯一可以努力的可能只是减少点不快乐的感觉，避免点不快乐而已。如何能做到呢？我觉得需要个人具备坚定的信念，知道自己的诉求，不容易被带走节奏。

嗯？又问我喝不喝酒？你、你、你，都别问了，我真不喝酒了！

在家也不喝！也不自斟自饮！

生日和寿命

"企业"这种合作形式的目的就是解决永续问题。既是多人共同做事和共同获益的一种制度安排；更是要通过股权可转让，实现法人能够超越普通人之寿命的永续存在。但企业组织存在了数百年，这一初衷显然并未实现。

最近连着参加了两场生日会。

一场是在某家企业恰巧碰上了每月例行的员工集体生日活动。几位"寿星"得到了所有员工的祝福，都非常开心，满场活动都洋溢着温暖，我被这份温暖彻底打动了，甚至离开的路上，脑海里还是他们满脸幸福的样子。

第二天正好受邀参加某企业的五周年司庆，因为疫情防控，大家不能外出聚会，就订了很多外卖，全体员工在公司会议室里开了一个冷餐会。为了调动气氛，过程中邀请了一些"老"员工分享"生日"感受。让我意外的是，尽管该企业目前发展势头正盛，业绩也逆势上扬，但局面与前一天的欢乐完全不同。生日会上很多员工在分享中，不断提到的都是"很艰难""不容易"……听起来充满了浓浓的"幸存感"。

这样的对比，不禁让我思考。

为何二三十岁的人过生日，都是快乐、都是吉祥话、都是祝福；而企业过五岁生日，却有那么多如履薄冰的时刻，似乎活着都成了很侥幸的事

呢？难道在大家的心目中，人就应该长寿，而企业就命中注定是个"短命鬼"吗？

其实企业之所以出现，某种程度就是希望解决永续的问题。公司既是多人共同做事和共同获益的一种制度安排；更是要通过股权可转让，实现法人能够超越普通人之寿命的永续存在。

企业组织存在了数百年，显然这一初衷并未实现，有数据显示日本中小企业的平均寿命为12.5年，美国的数据是10年，中国的数据还不到4年。2022年华为公司任正非在某次演讲中更提到，中国中小企业平均寿命的趋势是越来越短，从4年变成2.9年，现在估计只有2.5年了。这点我也有切身体会，很多我读MBA时还是优秀案例的企业，都早已倒下了。

我突然意识到，可能公司就是要替"人"去慷慨赴难的，就是个"替死鬼"的角色。最初"有限责任"的设计，就是公司自己可以死（破产），而放人（股东）一条生路的。

在我看来，企业舍己为人的目的之一，是有利于创新。企业生来就是创新的，而创新是一种冒险，甚至是冒死亡的风险。为了降低风险，于是大家一起参与进来，这样每个人的风险有限、都可以承受，创新就可能更多出现，人类得以不断前进。

这样做的目的之二，是让人习惯面对生死。人过生日，似乎想得更多的是"生"，而回避"死"，反而有了怕死的意识；企业过生日，思考的是"死亡"，反倒可以不惧死亡，向死而生。习惯面对生死，对人而言很有意义，可能会改变很多排序。

有位学员在"战略管理"的课堂上问：尽管我知道生命中有很多事情很重要，比如陪伴家人、阅读、运动等，也希望自己去做，但为什么每每和工作冲突，就不由自主地选择了工作。如何才能避免这样的选择呢？

我反问：如果你只有一年的寿命了，你还会做那样的选择吗？

学员回答：那肯定不会，我一定会好好陪伴家人、做喜欢做的事。

我说道：那就建议你抽时间经常思考一下生命和死亡，也许会改变你对很多事情的排序。

这样做的目的之三，就是让人产生责任意识。

责任可以分担吗？不好说。有时候责任分担的结果是所有人都免责、没人负责了，或者准确地说是没人对"整体"负责了。看上去每个人都很努力，都尽心尽力地做好了本职工作，但"系统"却没人管了，最终的结果甚至会"南辕北辙""背道而驰"，"有限责任"变成了事实上的"不负责任"。分担责任的初衷是提高做事的效率，结果责任分担却替代了事情本身，大家的心思都聚焦到了"责任"如何"分担"上，"事"倒没人管了。

因此，真正的关键不在于分担机制的设计，而在于承担者的责任意识。没有责任意识，分担机制设计得再好，也毫无意义。

我经常建议创业者们要对每次的失败总结经验教训，特别是那些经历过企业死亡的。因为经历过死亡的，都会自觉不自觉地反思自身的责任，尤其是在死亡发生的较长时间之后，情绪和抱怨逐渐弱化了，自我责任的反思反倒会愈加强烈，这样的反思对于加强责任意识很有益处。所以那些有失败经历的创业者，在下一次创业中，责任意识也会增强。

　　我猜，也许有一天，当人们可以更好地面对生死，能够更勇于承担责任的时候，企业的寿命或许能更长久吧！

　　也许，企业就是来帮助人类成长和成熟的吧。

电视剧的观看视角

> 其实大部分问题的解决,都是视角的改变。原来不可容忍的情绪,觉得可以理解了;原来必不可少的因素,找到了替代品。冲突变成了对话,问题就朝着解决的方向演变了。观众也在不知不觉中,改变了初衷,理解了不同角色的苦衷。

闲着没事,随手打开一部日剧。2012年出品的日剧《法律之上》讲述的是一个菜鸟律师黛真知子和偏执的神奇律师古美门研介之间的故事。

我看剧有个习惯,就是把看情节作为消遣,却更喜欢站在导演和编剧的视角,探究故事的写作逻辑、预期的观众群体以及导演想表达的隐性思考。

法律或律师相关题材的电视剧很多,我觉得这一题材受到编剧们青睐的主要原因就是"自带冲突"。冲突,是故事的关键,冲突出现、冲突延伸、冲突演变,直到最终冲突解决,大多数故事的情节往往是围绕着这一线索展开的。日常生活场景中,律师的出现往往意味着冲突和对立的存在,且达到了相当高的程度,法律不得不介入了。观众对这样日常生活的冲突场景都很熟悉,因而很容易被引导"入场"。不信你想想,街头只要有吵架的,围观的一般都不少,甚至观众生怕"事不闹大",都希望"越大越好"。

这样的冲突剧情里,律师的角色非常重要,他既是一个"缓冲器",又是一个"放大器"。缓冲是指当事人的感受需要经过律师解读,事件发生时律师往往不在现场,必须经过当事人的描述后,律师才能获得相关信息,获取信息后还需重新解读并建构,才能代表当事人处理诉讼。这样的解读往往起到了缓冲的作用。所谓的"放大器",则是指当事人的情绪和诉求,往往会被律师放大。律师为了更好地帮助当事人,对于当事人的感受和要求,一般都会略微扩张。

这样的一缓一放,是多个视角的转换,甚至和观众自身的认知角度发生碰撞。但这样的转换和碰撞,对观众如何看待同一问题往往能产生潜移默化的影响。

随着冲突的演变和解决过程的展开,剧中不同角色对诉讼事件的理解也会不断产生变化。其实大部分问题的解决,都是视角的改变。改变视角后,原来不可容忍的情绪,觉得可以理解了;原来必不可少的因素,找到了替代品。冲突变成了对话，问题就朝着解决的方向演变了，观众也在不知不觉中，改变了初衷，理解了不同角色的苦衷。

我自己最喜欢短故事，最好一集一个故事，不管多复杂的案件，都能在一集中得以解决。至少让电视剧前的观众，别留下法律系统过于拖沓和漫长的感觉。还是我想错了，电视剧的导演们就是想砸律师的场子，设计漫长拖沓故事的目的就是暗示观众远离诉讼，彻底绝了找律师打官司的念头？

木屋烧烤的短板

> 短板是一定存在的,尤其是在有参照物的情况下,短板还会更多。短板固然会致命,不能掉以轻心,但或许长板更重要,因为长板能续命。

新学期的研究生课上,案例讨论的对象是木屋烧烤。跟之前的形式一样,班级每个学习小组都要进行三轮讨论。每一轮每个组都被批得体无完肤,然后再去优化迭代,最后一轮还会开放课堂,并请来木屋烧烤的创始人隋政军先生到场,和同学们一起交流。

案例讨论的主题是帮助木屋烧烤提升竞争力。每个小组都使出浑身解数展开分析,寻找机会点,提出解决方案。课堂上我也参与其中,对每个小组的方案提出质疑。

有小组认为个别门店利润不足,每个门店都需要赚钱,因此必须提升赚钱能力。我指着小组的两位同学反问:"每个人都需要吃饭,请问这两位的区别是否只是饭量不同?若需要改进,是不是都是围绕饭量?"

有小组认为店铺存在空闲时间段,建议为年轻人增加桌游业务,赚取"桌子出租费",同时销售桌游相关用品。

我反问:"是否期望桌游业务收入越高越好?"

小组回答:"那当然是越多越好。"

我追问:"如果某一天,桌游收入超过了烧烤收入,是否将烧烤店改为桌游店?"

小组:"嗯……这个没想过,应该不会吧?"

有小组怕食物凉了,提出增设加热装置,还设计了复杂的结构,画出了图纸。我说我曾使用过三种饮水器:第一种只提供开水;第二种提供开水和常温水;第三种提供开水、常温水和冰水。

说完问:"哪种好?"

小组回答:"第三种好。"

我追问:"为什么?"

小组答:"因为照顾了所有可能的需要。"

我换了一种表达方式:"因为没有歧视任何用户,不会因为某一类用户的体验提升而影响其他用户的体验。"

其实,每个小组案例讨论的关键是选题,题材决定了讨论的过程和结果。题材选择往往存在两种思路:一种是选择案例企业的"长板";另一种则是选择"短板"。所谓长板,就是案例企业的优势,选择长板就是讨论不断加强优势的方案；选择短板则相反，从案例企业的不足之处入手，希望通过补足差距来提升能力。

通常的改善，往往是从短板入手，这也是前面课堂上同学们的思路。但若仔细思考一下，一个企业能够存活的原因是什么呢？是没有短板吗？是因为与竞争对手相比，短板更少吗？同样的道理，一个人活着，是因为身体没病吗？以前检测手段不发达，我们或许这样认为，但今天早已明白，每个人都是一个"带病体"，是否得病其实取决于免疫力与致病力的抗衡。免疫力高，就不会生病；免疫力下降，得病的概率就大大提升。

由此看来，短板是一定存在的，尤其是有参照物的情况下，短板还会更多。短板固然会致命，不能掉以轻心，但或许长板更重要，因为长板能续命。从数量来看，短板可能很多，长板其实很少。其实这是常识，任何企业和个体都不可能有太多长板。所以，相对于选择短板来讨论的小组，我会给选择长板讨论的小组更高的分数，因为发现长板本身就是个不小的挑战。

真的只有长板和短板两种选项吗？是否还存在着其他选项？我觉得答案是肯定的。思考的路径无疑是围绕着长板。

看上去是长板决定了生存，不过长板是一个相对的概念，是因为有参照物、有比较，才有了长短的差别。但生存并不需要参照物，生存是独立存在的，所以，我将生存真正的关键称为"本板"。长板只是相对的差异，本板才是真正的差异，才是独一无二的本质。一个人或一个企业，真正的独立存在，是找到那一块属于自己的本板。

有同学问：老师，不是短板决定了一个桶的盛水数量吗？

如果你的目标是盛水，短板确实对你很重要。不过你可能就只是千千万万水桶中的一个，每个桶都可以相互替换；但若想与众不同，盛点别的，盛得独一无二，靠的不是名字的不同，而是那一块"本板"！

校门口的红绿灯

> 红绿灯是一种显性规则，规则的显性化可能会带来更多的规则显性化，且"显性化"往往具有"自我强化"的特点。因此从某种意义上而言，规则显性化可以被认为是一种"滑坡"。

一次企业家座谈会上，有位企业家在分享中强调他们在管理中的关键手段是"规章制度管人"，这一观点引起在场众多企业家的共鸣，纷纷表达规章制度在企业管理中的重要性，探讨了不断细化制度来加强管理的必要性。

什么是规章制度？不断细化规章制度能够带来管理水平的持续提升吗？

最近，学校门口新装了红绿灯。中国科大西校区的北大门对着黄山路，出了校门右转向东走很方便，但如果想左转向西，就很麻烦。如果不是上下班的高峰时段，经过和直行车辆的博弈，还是可以左转过去的。但到了高峰时段，我一般就放弃左转，采取右转后去下一个路口调头的方式。现在有了红绿灯，车辆出校门后左转的问题彻底解决了。

但走了几次，我发现了一个新问题：黄山路车辆通行效率下降了。其实进出校门的车辆并不是很多，其中出校门左转的数量就更少了。但有了红绿灯后，无论是否有车出校门左转，黄山路每通行60秒后，就要中断25秒。很多时候，这25秒里其实没有任何车辆需要通过，但黄山路上的车辆

必须停下来等25秒,于是通行效率肯定下降了。尽管出学校左转的效率提高了,但路口的整体通行效率却下降了。

这个现象告诉我们一个道理,装红绿灯肯定需要成本(至少包括设备费用和电费),但即使再智能的红绿灯,也未必一定能提高效率。显然,这个路口是一个主路(黄山路)和支路(出校门)交叉的小系统,是否存在着提高系统效率的解决方案呢?

已知的方案至少有两个。一是在支路上装一个按钮,需要的时候按一下,经过一定时间延迟后,主路的红灯生效并截停车辆,等待支路车辆和行人通行后,主路绿灯放行。没有需要的时候,主路始终是绿灯通行状态。当人介入系统控制后,整体通行效率提高了。

第二种方案是默契,大家都礼让对方,形成默契。有一次我在一地辅路并进主路,因为车多,开始担心并不进去,后来发现司机们都非常有默契,采取两条路交替行驶的方式,主路一辆然后辅路一辆,通行效率非常高。

红绿灯是一种规则,没有红绿灯就没规则了吗?显然不是!

这个世界充满着规则。规则都是为提高合作效率服务的。比如语言是一种规则，把苹果称为"苹果"，把吃饭定义为"吃饭"，把汽车叫作"汽车"……如果不定义好，显然就没法交流，你把汽车叫"汽车"，我非把汽车叫"飞机"，那就彻底乱套了。发明语言就是为了提高交流效率，提高交流效率则是为了更好地合作。

合作，是人类社会发展的本质。从单打独斗到家庭家族，从陌生人到熟人，与不同层面的人合作，需要不同的规则。合作推动着规则的演化和进化。规则的演化和进化对于人类而言，很多时候是无意识的。也就是说，你可能无意识地遵守着某一项规则，你没有有意识地学习过，你也无法表述这个规则，但你却遵守着它。这样做的原因，是大家都默契地认为对所有人都更有效率。这样的规则是隐性的。

当然，你也可以选择不遵守，比如你就只考虑自己的效率而在路口抢行，于是大家的效率就被影响了，而你就会被认为"没教养"。如果这样做的人多了，大家都不遵守隐性规则了，那就只好安装红绿灯了。这种情况下，隐性规则就被显性化了，一旦显性化后，不遵守规则就会受到惩罚（闯红灯就要被罚款或吊销驾照），为了减少"漏罚"就要继续花费新的成本（摄像头或警察巡逻等），甚至还要鼓励"举报"。规则从隐性不得不转变为显性的时候，往往意味着成本增加和效率下降，而且，一项规则的显性化可能会带来更多规则的显性化，且"显性化"往往具有不断"自我强化"的特点。因此从某种意义而言，规则显性化可以被认为是一种"滑坡"。

对一个企业而言，规章制度也是一种显性化的规则。让我们不得不思考的是，企业为何会制定显性化规则呢？

小时候我喜欢踢球，尽管踢得不咋样，但踢球让我明白了一个常识：最好的团队，靠的都是默契，而非规矩！

我买了一本"破"书

> 技术在帮助商户降低成本同时,也影响和改变了商家的思维方式,把追求低成本和低价格当成了商业成功的唯一道路,忽视了提升服务可能建立的高信用。

我喜欢买书,更喜欢在实体店买书,一边翻阅一边和熟悉的书店主人聊上几句。书店主人大多是爱书之人,要是手中的书他正好看过,还会给我讲几句他的体会,因为彼此熟悉的缘故,他的体会对我的购买决策总是很有帮助。我发现每次和他聊得多的时候,买的书也会较多,价格就更不计较了。有时候我拜托他帮我寻某本书,他总是马上记在他的小本子上,利用他的渠道不遗余力地帮我找到。我接触的这种书店原本有好几家,但电商一来,几家书店都举步维艰,最终无一幸免地"关张大吉"。这之后我买书也就只有网络这唯一的渠道了。

网上的书店非常多,虽然我每年买书花费不菲,不过我还是按照老习惯,逐渐固定了几家较大的网上书店,有时候即使发现其他家卖的同一本书还便宜几元,我也还是选择在固定的店铺购买,一是图省事,另外也是觉得买的次数多了、时间长了,我多少也应该算个老客户和大客户,彼此总会有点感情吧。

不过最近发生的一件事让我发现"有点感情"这事恐怕是我自作多情了。

　　事情的缘由是我到货了一本严重破损的书,其实这种事在书店基本不可能发生,每本书在售出时,店员都会仔细检查一番后再交给顾客。网络销售估计是从仓库发货,但只要发货员认真一点,像我收到的这本包装完好(说明不是途中受损)却严重破损的书,肯定也会被发现。我记得有一次在书店买到了一本页码装订出错的书,我是在阅读的过程中才发现的,拿回书店后,尽管不是书店的错,但书店主人仍旧郑重地向我道歉,不仅帮我换了一本,还亲自刻了一方藏书章(他是一位小有名气的篆刻爱好者)送我赔罪。

　　收到破损书的时候,我也没太当回事,就给线上客服留言说明了情况,不过之后发生的情况就让我大跌眼镜了。线上客服先是要求我拨打客服电话,拨通后的通话对象显然是语音客服,让我一遍又一遍地提供订单号等信息,遗憾的是语音客服的听力(语音识别能力)似乎不太靠谱,也许是我的发音存在问题,总之信息总是出错。尽管语音客服始终不厌其烦地让我"请再来一遍",可我的耐心很快就消耗殆尽。于是我放弃了语音客服,改为拨打人工客服的号码,但那个号码却永远是"你所拨打的用户正忙,请稍后再拨"。就这样努力了3天，我在经历了最初的平静、逐渐愤怒、无比郁闷和终究无奈之后，终于接受了"这本破损书看来必须属于我"的残酷现实，同时把这家书店拉入了黑名单，重归平静生活。

经常有企业家问，电商模式需要什么竞争力？在我看来，任何成功的零售商业模式，无论是线上的还是线下的，关键优势可能包括两类：低成本和高信用。低成本优势主要来自对供应链的整合，把整个成本压到了最低，形成了低价优势；高信用指的是，即使同样的商品你的价格比竞争对手的高，但客户仍然选择你，这意味着你和客户之间建立了高度信任，信任带来了别人抢不走的黏性。

低成本带来低售价所形成的优势比较容易理解。高信用带来黏性和溢价的客户，很多人都希望拥有，但对于建立高信用的方法及其逻辑，不甚清晰。我认为建立高信用的关键，其实是服务。就像原来那些线下书店主人给我提供的阅读和购书服务，建立起了书店和我之间的高度信任，即使竞争对手的价格低一点，我也宁愿在熟悉的书店消费。

电商运用了信息技术和互联网技术，相比线下零售模式，其优势在于更有效地整合了供应链以实现整体成本的降低。但是，尽管在检索书籍和推荐书籍方面，技术有助于提高客户服务体验，但相对于降低成本，技术对于服务提升的贡献度很不显著。

更重要的是，技术在帮助商户降低成本同时，也影响和改变了商家的思维方式，把追求低成本和低价格当成了商业成功的唯一道路，忽视了提升服务可能建立的高信用。就像我线上购书的经历一样，尽管我依旧像线下购书一样，希望和商户建立信用，但显然商户根本没有和客户建立信用的意识和想法，这一点从发生问题后的处理方式上就更加彰显无遗了。其实，成本降低的空间是有限的，服务和信用的提升空间可能会更大。而且，当商户和客户都把关注点聚焦于价格时，服务的断崖式下滑就无法避免了。

明白了成本和信用的关系，我们也许可以更好地理解很多所谓的"新"

现象。比如"头部"现象，研究发现电商很多时候并未促进增量，而仅仅是实现了重新"洗牌"。就像原来由10位销售员完成了1亿元的销售额，每个销售员的销售额差别不大，多的1000多万元，少的几百万元；但现在突然发生了变化，产生了"头部销售员"，2位"头部销售员"就完成了9000万元的销售额，剩下的8个人一共只完成了1000万元。于是我们认为其实根本不需要10个人，最多3个人就够了。

情况真的如此吗？可能未必！

销售不是把东西卖出去就结束了，还包含了服务（售前、售中和售后的服务），除了货品咨询、运输、退换等基本服务，还有更高层次的服务。这些服务同样是销售的一部分，也同样需要占用销售人员的时间和精力。因此，原来看起来较低的销售业绩里面，可能包含了服务所占用的时间和精力，"拉低"了销售人员的业绩表现，而现在看起来业绩暴涨的"头部销售员"，可能正是彻底放弃了"服务"的结果。

管理学对于产品和服务的定义有很多，为了更好地区别其内涵，我站在商业思维的角度，做了一点区分。产品，是一种更多面向共性需求的思维；服务，则是一种更多面向个性需求的思维。我理解的社会进步，就是在关注共性的基础上，开始更关注每个个体；而与之匹配的商业进步，也是把原先属于服务的东西，纳入原本的产品，完成产品迭代，再创新更好的服务内容；然后把服务纳入产品，再创新服务……这样不断地周而复始，商业才得以不断进化。

那些所谓的"新"技术，应该是来帮忙的，而不是添乱的！

投诉与改善

> 监管行为一旦开始，其成本就会越来越高，因为监管有自我证明和自我强化的意识。监管者会不自觉地试图自证必要性和有效性，结果就是不容置疑地不断夸大风险和实施过度控制，最终扩展到检查和监督组织每一项活动，以及每项活动的每一个流程和每一个步骤，直至彻底扼杀组织创新的至关重要因素——自由。

在之前的《我买了一本"破"书》一文中，我谈到了电商企业处理投诉的问题，不少朋友问起"投诉"的话题，希望谈谈投诉与管理的关系。

什么是"投诉"？我觉得要先从监管说起。

随着组织规模的不断扩大，组织的管理成本也随之不断扩大，管理成本结构中的主要组成部分，就是成本控制。成本控制与组织监管活动相关。如何降低监管成本，是改善管理成本的核心之一。

在我看来，降低监管成本的最佳方式就是不监管。我们需要自问的是：不监管的损失会大于监管付出的成本吗？

首先，监管的成本会自我放大。很多时候，监管提议是最容易获得决策者批准和支持的。但大多的监管行为一旦开始，其成本就会越来越高，因为监管有自我证明和自我强化的意识。监管者会不自觉地试图自证必要

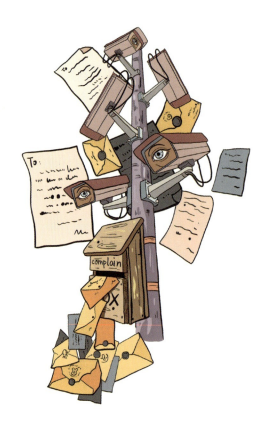

性和有效性,其结果就是不容置疑地不断夸大风险和实施过度控制,最终扩展到检查和监督组织每一项活动,以及每项活动的每一个流程和每一个步骤,直至彻底扼杀组织创新的至关重要因素——自由。正是因为监管具有自我放大效应,因此,组织对于监管扩大需要谨慎处理。

企业在发展过程中,到底有没有可能从监管走向不监管?我认为这一改变的可能性存在,原因是员工会成长。一是随着企业规模扩大,新进内激励员工数量和比例也会扩大;二是原有员工经过培训,内激励能力会不断提高。当然,培养内激励,需要长周期的持续努力。在努力的过程中,不监管不可能一蹴而就。

企业如果不得不监管,最好遵循最少监管原则。当然,不监管和减少监管并不意味着不作为,有意义的"作为"就是寻找最佳监管切入点。

监管切入点的遴选原则,就是不以检查和监督每一个事件或事物为目的,而以选取少量但可提供有效统计数据的样品为目的。选取少量样品的方法叫抽查。抽查可分为两种:一种是主动的,称为随机抽查;另一种是被动的,称为投诉。随机抽查的样品,可能有问题,也可能没问题;投诉则不同,意味着出现了"问题样品"。这两种抽查方法存在着什么关系呢?

如何对待"问题样品"?需要先明确监管的目的,我认为监管的目的是通过发现问题去改善整个系统。抽查的目的，不是解决"问题样品"本身的问题，而是发现系统存在的问题，通过改善提高系统整体能力。

如果只是为了解决"问题样品"，那么目的很可能就转化成了处理"问题样品"的成本问题，即如何用最小成本处理"问题样品"。这样一来，调查问题产生原因的成本一定首先被砍掉，仅剩的、有限的处理成本只会被用于"搞定"个案，绝不会再去考虑系统改善的问题。于是，无限降低这一成本的方式也就清晰了，就是：不努力改善系统，只努力让投诉"消失"！

因此，投诉的价值是为系统改善提供切入点，而系统改善效果的监控，可以采取主动随机抽查的方式来不断完善。这可能是系统持续改善的最佳方式。

"技术分"和"艺术分"

> "同行认可"是技术含量高，决定了你的技术分；"公众认可"则是销量高，可以变成"网红"或"爆品"，代表了你的艺术分。"同行认可"不一定带来"公众认可"，但"公众认可"往往关乎商业价值。因此，公众认可度越高，商业价值可能就越高。

昨天是正式开学前的最后一个周末，恰巧既有冬奥会又是 NBA 全明星周末。于是我霸占了电视，播放扣篮大赛，夫人则在旁边拿着平板观赏冬奥双人滑。

扣篮大赛上，尼克斯队的托平和勇士队的安德森闯进决赛，托平第一扣尝试空中撞板再扣失败两次，最终选择打板胯下大风车扣篮得到 45 分，领先于安德森的 39 分；第二扣托平的胯下撞板后扣篮得到 47 分，最终夺冠。

其实我不太会打篮球，属于"看热闹"的那类观众，慢镜头回放觉得托平的撞板扣篮的动作确实有一定难度，但总觉得观赏效果一般。

电视上开始播放广告，我扭头看夫人平板上的双人滑比赛，正好一对选手出分，主持人播报了这对选手的技术分和艺术分。

我突然感悟，技术和艺术的分类，似乎也可以用于扣篮大赛，技术是动作难度，艺术则是表现效果。一个优秀的选手，往往既要挑战难度获得技术分,又要提升观赏表现获得艺术分。扣篮大赛里托平的问题,就是"技术"尚可,但"艺术"不足。

其实在生活中,同样存在着不同的"计分"。有的产品,叫好不叫座,其原因可能就是"技术分"高,但"艺术分"低。更重要的,比赛中的技术分和艺术分都是由裁判打出,但生活中的"打分员"可能有所不同。

在随笔文章《专业的层次》一文(见本书"悟"篇)中,我把"专业"分为不同层次,其中第一层"专业"是"同行认可";第二层则是"公众认可"。按照这一原则,"技术分"来自"同行认可";而"公众认可"决定着你的"艺术分"。

"同行认可"是你的技术含量高,"公众认可"则是销量高,可以形成通常意义上的"网红"或"爆品"。"同行认可"不一定带来"公众认可"。但"公众认可"往往关乎商业价值,因此公众认可度越高,商业价值可能就越高。

无论是一个人或一个产品,同时具备"同行认可"和"公众认可"很不容易。迷恋"同行认可"的人和产品,可能会不屑于"公众认可";而得到了"公众认可"的，可能不仅难以再得到"同行认可"，反倒是更易被"同行排斥"。

在任何领域，支撑不起销量的技术含量，都是无法生存的；但没有技术含量的销量，也是难以持续的。

前几天同学们让我给一个新学期的寄语，我希望：每个人都成为一个既有"技术含量"（同行认可），又有"销量"（公众认可）的人吧！

浅 谈 管 理

> 事情是为人的关系服务的，先用"信任"建立团队，然后再以"信赖"创造客户，客户又反哺成长。

什么是管理？这是一个让从事了多年管理实践、研究和教学工作的我，不断自我追问和思考的东西。

管理的定义很多，我认为定义管理的主要目的是界定"人–事"以及"人–人"的关系。

现代管理出现伊始，首先需要解决的问题是"完成工作"。为了更好地完成任务，需要定义"人–事"关系。此时的"人"是服务于"事"的，是被纳入"事"之中的。比如福特的生产流水线，通过不断的专业化分工，将复杂的工序分解成一个个"动作"，然后把"人"放入，去完成一个个动作，最终实现了巨大的效率增长，也获得了巨大的商业成功。

随后，组织的发展改变了管理的目的，变为"实现目标"，实现单个人无法实现的目标。这时候"人"与"人"之间关系的关键就是"合作"。既然一个人无法实现，就必须团队合作。既然要合作，就必须建立有效的"人–人"关系，建立的路径就是先把目标分解成小目标，再围绕小目标选择要做的"事"，然后再选择合适的"方式"完成这些"事"。此时"人–事"关系中，事情是为人服务的，通过持续地做事，锻炼队伍，积累经验，建立

最有效的"人-人"合作关系。具备这种关系的团队,才能成为支撑"目标"实现的核心竞争力。

不过,此时的"人-人"关系,是企业内部合作者之间的,是"同事"之间的关系。这种关系的关键,是"靠谱",团队成员彼此之间的信任,来自每一位成员的"靠谱"。所谓的"靠谱",既需要专业知识,更需要职业精神。这里的职业精神,指的是"团队优于自我"的排序原则。

但是,没过多久,我们就发现,仅有合作关系是远远不够的。因为无论合作关系再好,也只能解决成本高低的问题,企业内部的所有关系和行为,都是成本。而利润则来自企业外部的客户。

于是,客户随即被纳入关系之中。这时候的"人-人"关系,变成了"供方-需方"之间的关系。管理的目标,变成了建立稳定持续的客户关系,客户体验成了头等大事。当管理的目标聚焦于客户关系,管理的目的也发生了改变,不再是为了实现自身的目标,而变成了"帮助客户实现目标"。

为了达到这个目标,管理的核心工作就是赋予客户一种信心,以及因信心而产生的信赖感。当一个企业可以先接单、再研发、后完成时,这个过程就给客户带来了信心和信赖,当然给自身也同样带来了自信。如果此时再告知客户,能够实现的原因不是偶然的,而是自身能力的必然结果,那么这样的客户关系,毫无疑问有着极强的黏性,几乎是不可替代的。好的客户会带来好的需求,好的需求会带来能力的更多成长,从而进入了一个良性循环。

　　管理发展到今天,我们逐渐明白,事情是为人的关系服务的,先用"信任"建立团队,然后再以"信赖"创造客户,客户又反哺成长。

从培训中思考本质

> 本质的追求,是一种去除个性的追求,把共性的排序提到了首位;而不在场的追求,则是对人的独特性的尊重,把个性排序到了共性的前面,是在原来本质追求基础上的递进,是对人的回归,对实践的回归。

几天前,有位校友与我谈起培训的话题,话题的缘由来自一篇有关"培训的商业本质"的文章。原文的内容,主要是说明作者对于培训的理解以及自己如何有效开展培训业务的。我对原文作者观点不做任何评价,不过要感谢作者提出的"培训的商业本质"这一概念,引发了我的思考,于是有了本篇小文。

原文作者讨论"培训的商业本质"的原因,应该一是为了更好地说明培训业务,二是说明自己因为抓住了本质,所以更好地开展了相关业务。不过在我看来,探讨任何本质之前,首先要搞清楚为何要探究本质。

所谓本质,按照《现代汉语词典》的定义,是指事物本身所固有的、决定事物性质、面貌和发展的根本属性。事物的本质是隐蔽的,是通过现象来表现的,不能简单、直观地去认识,必须透过现象掌握本质。

探究本质,指的就是上述定义中"透过现象掌握本质",这是一种基于传统哲学概念的"主体-客体"结构的追问方式,即作为"主体"的人,站在"客体"之外追问"客体"的根底。人这个主体通过思维,希望从感性的、个别的、特殊的事物中,挖掘出理性的、一般的、普遍的东西,力图把握客体的本质和规律。

为何要追问本质?我觉得是通过对客体本质的探究,明晰关系、发现规律,从而更有效地认知不同客体、不同客体之间的关系乃至主体与客体世界的关系。

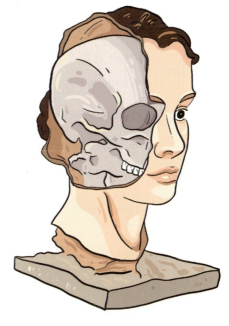

认知了客体和各类关系之后,人们会做什么呢?有人把认知世界本身当作最终目的,也有人把改造世界作为最终目标,还有人把获利作为最终目标。其实功利追求是人的本性,"主体－客体"结构必然会产生作为主体的人对客体世界的功利追求,功利追求不仅发生在主客体之间,也必然发生在人与人之间。比如探究培训本质的目的,可能就是要利用培训获利,就是要对培训需求者开始功利追求。

很多时候认知本质并不容易,但即使了解了本质,也未必会提升追求功利的效率。

本质,是隐藏在特殊和个别事物背后的、一般的、普遍的东西。这个东西首先必然非常抽象;其次对每个人都是相同的;最后本质注定离实践非常遥远。

以培训为例,当培训的本质被探究之后,我认为肯定无法保密,必然能被所有人知晓。于是为了竞争,你就不仅要探究培训的本质,还不得不开始探究培训需求(也就是被培训者的需求)的本质,即个别客户需求背后的普遍性需求。一个培训产品,看起来是满足你面前某个客户的需求,其实是要满足更多的、具有相同抽象特征的某一类客户群体的共同需求。由于抽象特征具有普遍性，它实际上是某类客户群体中每个实际客户需求的交集，因而它不可能包含每一个客户个体的实际需求（尽管它可能是最核心的需求），甚至可能离每一个实际客户个体的实际需求都很遥远。因此，即便是你能够抽离出那个抽象特征，围绕特征设计产品，结果肯定仍然不够，为了赢得激烈竞争，你依旧要回来关注每一个客户个体的特殊需求。

不仅仅是培训，基于"主体－客体"结构的概念哲学思维方式从某种意义而言，是从当前"在场"的东西中，找到始终"在场"的东西，从一种"存在"中找出抽象的、恒常的"存在"，本质就是那个所谓的始终"在场"和恒常"存在"。但是，本质的探究必然会远离个体的特殊性，导向脱离现实、脱离生活的"概念王国"；同时，主客体的分离，也会导致主体（人）对切身利益的追求，使得本质探究行为成为功利追求的工具。

在我看来，追求本质可能还存在着另一个视角，即正是因为本质（即相同的东西），才明白了个体的不同。从在场的个体身上，找到了恒常在场的本质，也许就可以更好地帮我们发现那些影响了在场的，却不在场的所有东西。在场的终究是有限的，而不在场的才是无限的想象世界。

在场和不在场是西方现当代哲学的一对新术语。所谓"在场"（presence）或"在场的东西"（the present）是指当前呈现或当前呈现的东西之意，也就是平常说的出席或出席的东西，所谓"不在场"（absence）或"不在场的东西"（the absent）就是指未呈现在当前或缺席之意。例如一个人，呈现在当前的姿态，与其父母、祖辈的血统、各种成长环境、所受教育等有形的、无形的、直接的、间接的、近的、远的……各式各类的东西或因素息息相通、紧密相连，然而这东西或因素并未呈现在当前。一个人现在呈现在当前的这个姿态是在场的东西，那些未呈现的各式各类的东西或因素是未在场的东西。然而，你要了解这个人为什么会呈现当前这样一个姿态，你就不能死盯住这一点在场的东西，而要超越它，超越到背后那种种不在场的东西中去，把在场与不在场结合为一个整体。

从这个角度而言，我认为培训的本质就是改变每一个培训对象。而改变每一个培训对象的关键，是个性化的、独特的，必须更多地关注不同对象之间差异性，必须重视与不同对象的相互沟通和理解。

本质的追求，是一种去除个性的追求，把共性的排序提到了首位；而不在场的追求，则是对人的独特性的尊重，把个性排序到了共性的前面，是在原来本质追求基础上的递进，是对人的回归，对实践的回归。

商业对人的影响，不是功利追求，而是视角转换，把视角从自身转换为客户、把视角从短期转换为长期。培训的目的，是通过对被培训对象"在场"背后的"不在场"的探究，为他们未来某一场景下的"在场"增加"不在场"的东西。

功利追求是对在场者的直接索取的追求，超越功利追求，就是"把眼光推向远方"，事物不是单纯在场的东西，而是与隐蔽的不可穷尽性"集合"在一起、着眼于不在场。探究本质，不是为了更有效率地赚钱，而是为了超越功利，只有超越了功利，才能为这个社会的良性发展创造财富。

危机与信任

> 员工和组织之间的信任关系之所以重要,是因为其很大程度上决定了组织能否生存与持续发展。但这种互信的建立并不容易,需要双方共同努力。

所有的危机都是信任危机

一家企业,经营能力下降、市场份额降低、出现负面新闻,看起来是经营和管理问题,但本质上都是信任危机。可能是来自股东的信任危机,可能是来自客户的信任危机,可能是来自供应链的信任危机,可能是来自员工的信任危机,当然还可能是以上不同来源信任危机的组合。在专业化分工越来越细、对协同要求也越来越高的社会,信任是任何一家公司的核心支撑,越是大公司,越依赖信任。

以前,由于信息传递速度较慢,造成信任危机扩散的速度较慢,这为公司处理问题赢得了时间。但今天,随着信息技术和网络技术的飞速发展,信任危机一旦产生,就可以在极短的时间内传播到世界的每一个角落,这使得企业处理问题的难度大大提升。

有人采取隐瞒信息或发布虚假信息的方式来应对信任危机,初衷是希

望赢得时间来解决所谓的经营管理问题。但这一方式其实是对问题的认知偏差,没有看清问题的本质,不仅不能解决问题,反而会引发更多的不信任,加剧信任危机的程度。

信任危机,意味着你已经处在一个无法左右的环境中,既不是被支配地位,更不是支配地位。如何在这样的局面中做到应对自如,是管理要解决的问题。

信任危机,都是从内部开始萌芽

1931年出版的《工业事故预防:一种科学的方法》中记录了一个事故。某机械师穿着一件宽大工作服站在摇晃的木板上,没有使用专用设备,而是用手把皮带挂到正在旋转的皮带轮上,结果被绞入后碾死。事故调查结果发现，他采用这种上皮带方法已有数年之久，过去 4 年中，他有 33 次手臂擦伤后的治疗记录，尽管所有人均佩服他手段高明，结果还是导致死亡。

作者海因里希（Heinrich）统计了 55 万件事故后，得出一个重要比例为 1∶29∶300，即在 1 件重大事故的背后，必有 29 件轻度的事故，还有 300 件潜在的隐患。可见，重伤和死亡事故虽有偶然性，但不安全因素或动作其实早在事故发生之前就已暴露多次，却没有引起重视，及时消除，其实许多重大事故是完全可以避免的。

反对的人可以找到无数理由否认这个因果关系，比如这个机械师性格有问题，这个机械师最近存在心理问题，那些治疗与操作无关等。是的，在事故致因研究的发展史上，个体差异一直都是焦点之一，很多学者都曾建议，工厂应该尽早发现"特殊分子"和"害群之马"，将其清除。

或许该机械师确属另类，但真正的问题不在于此。案例中的两句话才是问题的关键："所有人均佩服他手段高明"和"33 次治疗记录"。

我相信一定存在着操作规范，我相信每个工人一定都接受了上岗培训，我相信机械师的操作一定违反了规范。到底发生了什么，让一个安全隐患变成了所有人眼中的"高明"呢？

我同样相信在任何工厂的医务所里，4 年 33 次的治疗记录，都不是一个正常现象。到底又是发生了什么，让这个不正常被"习以为常"了呢？

在我看来，这是组织和员工之间的信任出现了大问题。

日本很多百年老店大多有一些不成文的规矩。比如，要在最基本的岗位上磨炼数年才能正式入职，当铁匠要先烧 2 年火，当厨师要先淘 2 年米，当木匠要先磨 3 年刀等；又如，任何的合理化建议，都会被最认真地给予对待和反馈，不采纳将告知原因，采纳则全面推广。设立这些不成文规矩的目的，就是建立尊重和信任，尊重职业、尊重工作、尊重操作规范，同时信任组织和伙伴。让所有员工明白：你必须尽职尽责对待你的工作，同时有责任让同伴也能够尽职尽责；如果你有更好的"手段"，组织就会采纳并推广,否则你就必须按流程操作。这样的氛围中,案例中长达4年的"手段高明"估计很难出现。

员工和组织之间的信任关系之所以重要,是因为其很大程度上决定了组织能否生存与持续发展。但这种互信的建立并不容易,需要双方共同努力:一方面,组织尊重和关心员工,为员工规划并提供个人成长,与员工分享信息;另一方面,员工忠诚于组织、信任组织、追随组织,主动承担工作职责,心甘情愿奉献自己的聪明才智。最终,员工相信组织,认为值得为组织尽职尽责工作;组织相信员工会为实现组织目标而努力工作。

即使没发生任何事故,当你知道一个组织中出现了有人33次受伤都没有引起重视的医生,出现了同伴违规操作却盲目认为"手段高明"的员工时,你就明白员工早已离组织而去,对组织的信任也已荡然无存了。这一刻,你似乎已经看到,巨大的"灰犀牛"正从不远处向你奔来。

产品中的战略思维

> 产品真正的战略思维，一定是围绕"信任"的。产品中真正难以复制的、迭代成本趋低的关键要素，是客户对你的信任。

在一次与产品经理的交流中，有人问：产品经理需要战略思维吗？战略思维如何体现？

我回答道，产品经理的战略思维是毋庸置疑的，体现在两个方面。

任何一个好产品，被竞争对手抄袭是再正常不过的事，但在设计之前请务必弄明白：产品中哪些是能够轻而易举被抄袭的，哪些才是难以被轻易复制的、真正的核心优势。

任何一个好产品，不断迭代一定是常态，如何确保未来的迭代成本是不断降低，而不是越来越高的。

在我的记忆里，当时现场几乎所有的产品经理都把战略思维和技术等同起来，认为技术是最难以复制的、可以通过知识产权保护限制对手抄袭，技术同时也可以解决迭代问题，但迭代的成本变化趋势未知，有可能下降，也有可能上升。

产品经理的观点有一定道理，技术确实可以解决抄袭的问题，前提是你必须具有产生新技术的能力和不断迭代的能力，除了为这些能力支付巨额成本和承担巨大风险之外，还需要支付制止技术扩散的巨大成本。很简单,养团队要花钱,研究技术要花钱,申请和保有专利要花钱;除此之外还必须明白,任何人都不可能拥有一个产品的所有技术专利(比如与手机相关的专利有数十万之多,即使苹果、三星、华为这样的企业也仅拥有部分专利),这就意味着无论你对一个产品拥有多少专利,你仍旧可能侵犯别人的专利并为此支付成本。

即使退一万步,你都做到了,你拥有了别人没有的技术,就能解决问题吗?当我们面对疫情,无数家公司和无数个顶级专家向我们推荐药物,强调其拥有的强大技术能力和海量专利数据时,他们成功了吗?似乎没有,人们不仅不相信产品,甚至连这些公司和这些专家都连带着被怀疑了。有个故事很有趣,只有一块表,你可以相信它告诉你的时间;可如果你有

更多的表，但如果它们显示的时间不一致，你就无法相信其中任何一块了，无论它标榜自己用了什么样的先进技术。

现在，需要我们回过头来重新思考，为什么要做产品？做产品的目的是什么？在我看来，所谓产品，就是用来筛选客户和维系客户的。

开发者预先定位了想要的客户，然后推出了产品，希望用产品把想要的客户从人群中筛选出来。如果产品做得好，想要的客户就出现了；也许产品有偏差，那么客户也就出现了偏差。客户偏差的结果，既让开发者明白了产品的偏差所在，也指明了未来的产品迭代方向。初步筛选客户之后，还需要利用产品迭代或后续服务，不断维系客户，提升客户的黏性。所有这一切的关键，就是客户的信任，首先建立信任，然后维系信任。

你是否曾经有过被竞争对手以低价格击败的经历？请不要认为你输给了低价，只能怪客户对你的信任远远不够。当客户对你的品牌没有足够的信任，没有建立与你企业之间的情感链接时，他不关心价格又能关心什么呢？

产品真正的战略思维，一定是围绕"信任"的。产品中真正难以复制的、迭代成本趋低的关键要素，是客户对你的信任。

技术能建立客户信任吗？或许可以，但很多时候技术带来的客户信任都有距离感，不够温暖，更不够平等，客户有仰视感，与其说是"信任"，不如说是"崇拜"。一旦市场上出现同样宣称自己技术的竞争对手，客户就会因无法分辨而产生迷惑，崇拜就可能轰然崩塌。

我们真正想要的，到底是一种什么样的客户信任呢？

合作、规则和预期

"奇"兵制胜也要有规则限制,遵守基本规则的"奇"才是创新,破坏基本规则的"奇"只会把"文明"带回"丛林"。

奥运会恰逢暑期,爱好运动的我也经常关注奥运赛场。赛事最近也成了我和学生们经常讨论的话题。

这几天的一场赛事引发了我和学生们的热议,讨论的焦点倒不是比赛本身,而是一位运动员的行为。一场羽毛球比赛中,一方的选手经常发出刺耳的尖叫,这在以往的赛场上并不罕见,但在疫情导致的空场中显得颇为突兀,场地本就空,加上这响亮又刺耳的声音,说没有干扰,那是不可能的。第一局,尖叫的这方赢下了这一局。第二局画风突变,另一方也开始大叫,不过喊叫的内容在赛后引发了争议,因为听起来像是"骂街"(事后当事运动员解释是口音产生了误会)。

对于这一事件,学员们展开了讨论,大家争论的焦点是比赛规则,不少人认为,只要合规,就应该接受。

同学们的观点也让我有了一些思考。

文明的程度,表现为人与人的协同关系。协同关系越高,文明程度越高;协同关系越低,往往意味着文明程度也越低。

但这里的"协同",并非人为设计的"合作",而是一种无意识的"合作",看起来你只是在追求个体的利益,但其实也为别人带来了裨益。比如,一个面包师做面包是为了赚钱,但由于市场上存在着多个面包师,为了更多地赚钱,面包师就把面包做得越来越好吃。于是,消费者就吃到了越来越美味的面包。其他面包师也会不断改进技艺,向最好的面包师学习,因此更多的人吃到了更美味的面包。这样的"合作"显然并非是谁设计的结果,而是由陌生人在"合作"(有时候表现为竞争)中自发产生的。

为了更好地"合作",就会自然而然地形成一些"规则",这些规则能让人们更好地"合作"(有时候也表现为竞争)。那些被大家广泛接受,并公认必须共同遵守的"规则",就被制定为"法律";还有很多没有成为"法律"的"规则",仍旧以某种形式存在着,并影响着人类生活中各种各样的"合作"。当然,这些规则也同样并非人为设计的,而是自发产生的,规则也会根据社会的发展和变化而不断"迭代"。

既然制定规则是为了合作,这个目的是如何达成的呢?答案是"预期"。任何一个个体的行为,都不可避免地会带来其他个体的"反应",无论是个体间任何形式的"合作"还是"竞争",个体对于外界的反应都会有一个预期。比如晨跑中的你对迎面而来的陌生跑者报以微笑,你的预期一般是对方会报以同样的微笑而非回以怒视。你在产品竞争中通过提升效率、降低成本、拉低售价,期待的是要么对方同样技术进步,要么退出市场,而非私下挖角、散布谣言,甚至雇人恐吓消费者。也许可以出"奇"兵制胜,但即使是"奇",也同样有起码的规则限制,遵守基本规则的"奇"才是创新,破坏基本规则的"奇"只会把"文明"带回"丛林"。

如何创造顾客？

在创造顾客的活动中,"信用"比"技术"更为重要。创造顾客的本质就是构建"信用",而"技术"只是构建"信用"的一种工具。信用不仅通过技术进步创造顾客,其实信用自身就能够创造顾客。

近几年来,我发现了一个有趣的现象,就是企业介绍自己的方式发生了变化。过去,如果我们问一家企业"你们是做什么的?"得到的答案一般是企业所在的行业或是提供的产品和服务。比如,"我们是做建筑的""我们是做电视的""我们是卖电脑的"。如今再问同样的问题,回答往往变成了"我们是做大数据的""我们是做 AI 的""我们是做语音的"。显而易见,关键词从行业、产品或服务变成了技术。这个现象似乎暗示了一点:技术成了企业实现差异化、进而创造顾客的核心,至少企业方已经是这样认为的了。

"创造顾客"的概念是德鲁克先生最先提出的,并强调其是企业存在的唯一目的。那么,企业是如何创造顾客的?在这里面,技术到底承担了什么样的角色呢?

我认为,创造顾客应该分为两个层面:一个是新顾客,另一个是老顾客的消费频度。新顾客的概念容易理解,就是顾客与企业产生了初次交

易。老顾客的消费频度则是在初次交易发生之后,再次发生了交易或者多次发生交易。这种顾客的创造,对任何企业而言,都是企业努力的目标。

新顾客初次交易的产生,我觉得可能有两个原因:图新鲜和图便宜。图新鲜就是顾客没见过、想尝试;图便宜则是商品性价比高,同样的性能,价格较低。显然,新鲜或便宜的实现,很大程度上与技术密不可分。或是因为技术的创新,开发了新产品和新功能,带来了"新鲜";或是技术的进步提高了生产效率,进而降低了成本,最终降低了售价,实现了"便宜"。新鲜和便宜,不仅有利于创造新顾客,对于老顾客同样适用,很多老顾客也会基于同样的原因,与企业发生多次交易。因此,当企业介绍自己时,高调地强调其技术能力,暗示其实现"新鲜"和"便宜"的可行性,也就顺理成章了。

那么,技术真的是创造顾客的唯一手段吗?

仔细想想，似乎不是。

技术进步是如何产生的？技术进步又是如何降低成本的？

技术进步是有意识的还是无意识的？到底是先有了技术进步，才降低了成本？还是因为降低成本的需要，才有了技术进步？

我承认确实存在着无意识的技术进步，但大多数的技术进步，都是有意识努力的结果。那么这种意识从何而来呢？我认为来自"人"和"关系"。人，包含了企业的员工和顾客；关系，则是这些人之间的关系。技术进步方向的意识，来自人的观察、总结、分析和思考；关系，则为人的观察、总结、分析和思考提供基础数据和信息。产生技术进步意识和进步方向的关键是"关系"。某种程度而言，"关系"决定了技术进步的产生，也决定了顾客的创造。人与人之间关系的核心是信任，因此，我把这种"关系"称为"信用"。

在创造顾客的活动中，"信用"比"技术"更为重要。在我看来，创造顾客的本质就是构建"信用"，而"技术"只是构建"信用"的一种工具而已。信用不仅通过技术进步创造顾客，其实信用本身常常就能够创造顾客。新顾客的初次交易，往往是因为低价，低价带来的只是产品与顾客之间的"交易关系"；但是，交易会同步带给顾客"消费过程体验"，这种体验的结果，就是建立"信用关系"，这是企业员工与顾客之间的关系。企业根据顾客消费实践对过程不断优化，企业员工则使用这种优化后的经验，不断提升顾客的消费过程体验。一旦顾客体验的满意度超过了对价格的关注度，就不仅可以促进顾客的再次交易，还可以避免顾客的"比价"行为，从而建立起企业与顾客之间关系的良性循环。

一旦建立了"信用"，企业技术进步的定位就会发生改变。信用促进老顾客的多次交易，通过口碑传播，老顾客又带来了新顾客，顾客的创造过程实现了"闭环"。这样的环境中，技术进步就从兼顾"创造新顾客"和"促进老顾客"的双重任务中解脱出来，主要专注于"促进老顾客"的目标。

由于信用关系的不断加深,顾客需求的信息更易获得,因此满足顾客需求导向的技术进步方向愈加明晰,技术开发成功率增高、成本降低,从而实现了"创造顾客"和"技术进步"之间的良性循环。

反之,如果只关注技术,不关注信用关系。盲目追求技术的结果必然是只关注"新顾客",而忽视"老顾客",满足"新"顾客的数量提升,忽视老顾客的消费体验。其实,"图新鲜"和"图便宜"的客户,都不是好客户,因为这些客户需求会引导企业的短期行为。片面追求"新鲜"和"便宜",必将使得技术开发的成本越来越高,最后企业因不堪重负而不得不选择完全放弃技术开发,追求技术进步的初衷却带来了技术停滞甚至倒退的后果,值得警惕。

越来越多的企业开始关注技术,固然值得肯定,但是,技术毕竟只是一个工具,如果忘记了初心,忘记了"人"的存在,技术很可能不仅不能提高效率,反而成了限制效率的帮凶。

企业成长路径

> 企业的发展就像游戏模式，都是"抵御能力"的不断提升，你能够抵御天灾人祸，没有东西能灭掉你，你自然就长寿了，自然就发展了。

有人问：那些一流的企业到底是怎么发展起来的？

有人看了《重新定义公司》，没明白 Google 到底在干什么？

还有人问：那些公司天天投入那么多研发经费，到底在研发什么？

如果你玩过《帝国时代》的游戏，也许会发现，一个企业的发展就像是游戏中的模式一样，定制你的防御策略，保护你的"帝国"是游戏的重要手段。我把它称作"抵御能力"的不断提升，你能够抵御天灾人祸，没有东西能灭掉你，你自然就长寿了，自然就发展了。

那么，这个过程到底是怎样的？

首先你需要构建一个技术壁垒。所谓技术壁垒，可能是一个专利、一个发明、一个工艺改进、一个特殊配方，甚至是如何烹制一种食品的方法等。当然，这个技术壁垒不能只停留在壁垒本身，你还必须把它做成一种产品，还要让这个产品可以最好地体现出这个技术壁垒的优势。

随后，你就进入了一个新的阶段，需要建立起规模壁垒。所谓规模壁垒，就是让承载着技术壁垒的产品的生产量和销售量，不断增大，而这种

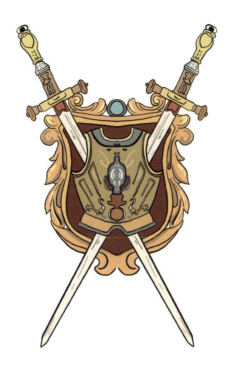

数量不断增加的过程,本质上是一个对技术壁垒进行检验的过程,同时也是将这个技术壁垒进行传播的过程,通过传递给更多的用户、得到市场认可的过程。而规模壁垒,是对技术壁垒的优势叠加。

再进一步的优势叠加,来自成本壁垒的构建,通过不断降低这个产品生产和销售的成本,形成更大的优势。

也许这样会更好理解,你建立了一个小块根据地,然后不断地向外伸展,建立起第一道防线;接着向外推进,再建立起一个新的阵地,变成第二道防线,而建立这些防线的过程本身,也可能为你带来新的根据地。也就是说,规模壁垒和成本壁垒产生的过程当中,可能会帮你演变出新的技术壁垒,而围绕着这些技术壁垒,又可以相应地打造出规模壁垒和成本壁垒。这样不断螺旋式上升的过程,就是企业生命不断延续的过程。

这个道理,也可能有助于大家理解 Google、苹果和华为这些公司大规模研发投入的目的了。

壁垒的背后

> 由于有了技术人员，于是其他员工就可以名正言顺地远离"技术"了；这种"孤立"和"远离"，最终让"技术"离组织的管理实践越来越远，或是越来越追求基础性和普遍性研发，或是成了无水之源，失去了针对性。

有学生看了上次我说的不同类型的壁垒，问道：赵老师，壁垒是怎么形成的？是一次性的，还是不断加固的？这是个好问题！

无论是什么样的壁垒，就好像《帝国时代》游戏里面的城墙，都是人建的。即使是同一类的壁垒，因为建设者不同，而会存在很多区别。壁垒是从外面看的，但从组织内部视角来看，本质上是人才结构的区别。

技术壁垒，由于更强调了技术本身，于是从事这种技术的人员也因此被强调了；由于被强调，也就因此被"孤立"了，成了"技术人员"；由于有了技术人员，于是其他员工就可以名正言顺地远离"技术"了；这种"孤立"和"远离"，最终让"技术"离组织的管理实践越来越远，或是越来越追求基础性和普遍性研发，或是成了无水之源，失去了针对性。

规模壁垒和成本壁垒，从外部角度看，可能体现的是规模和成本的优势；但从另一个角度来看，也是一种"技术壁垒"。但是这种类型的"技术壁垒"，是由不同的"技术"来支撑的。比如为了把规模做大，可能有财务

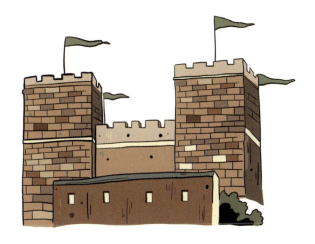

规范化的技术、信息化的技术、生产控制的技术等。这种技术壁垒，不仅需要多类"技术"，更需要"整合的技术"，整合多类技术以达到最优。

这些技术从何而来呢？越是针对性强的技术，尤其是"整合技术"，只有从内部研发而来。从事这项研发的技术人员，与纯粹的技术壁垒研发人员，有很大区别。需要有更多的实践经验，有更多的总结归纳能力，可能还需要得到很多专家的帮助。

构建规模壁垒和成本壁垒的技术，对研发人员要求更高，因为技术研发的最终目标，不仅是技术的开发和改进，更重要的是开发之后的实施和落地，真正达到扩大规模和降低成本。做到这一点是相当困难的，比如说六西格玛、5S管理等，这些体系尽管都包含了很多技术，但最终目的不仅仅在于技术本身，更重要的是实施和落实。实施和落实的本质是员工行为的改变，因此技术的研发和运用必须是同步的，甚至全员都是研发的参与者。规模越大、越成熟的企业，员工行为改变的需求越大，培训和评估行为改变的程度、速度和效率，这可能是组织真正的挑战。

总之，是"人"为"组织"建的壁垒，壁垒的本质是"人"，壁垒是否安全取决于其与组织的契合程度以及不断优化的速度。组织越安全，人的流动越低。

"创新"而不是"创新词"

企业使用消费者无法理解的词汇，或造成消费者敬而远之，或带来解读成本高企，企业即使在投资者处得到了利益，最终也会因为无法得到市场认同而难以持续。

不同国家的语言，在发展过程中往往有着不同的变化趋势。我国以前书面语和口语是分开的，文言文最早是古人口语的摘要，早在先秦时代就已经出现。但越往后，文言文同实际口语的距离越来越远，成了文人用来写文章的书面语。老百姓说话不用这个，而是使用口语，也就是白话文。一直到了20世纪早期，由中国文化界中一群受过西方教育的人发起了一次革新运动，之后白话文才逐渐成为日常写作的语言。

日本的语言发展和中国的不太一样。日本在5世纪之前记载历史基本使用的是汉字，5世纪之后才在汉字书写的基础上，形成了目前日本在使用的假名体系，有了新的书面语和口语。

其实随着时代的发展，今天我们依旧不断创造着新的词汇，丰富着我们的语言。日本每年还有评选最高人气新词汇的习惯，每年评出的词汇大多与当年社会发展的变化有密切的关系。

中国也同样，虽然没有评选的活动，但新词汇层出不穷。我有时候与别人聊天，经常会听到一些陌生的词汇，往往要听解释后才能明白其中的含义。

新词汇听多了,我开始思考一个问题:新词为何而创?

今天就碰到了这样的情况,我合作的媒体请我评论一则新闻,就是一个新词:无人面馆。这家"无人面馆"的模式,就是将事先保存的汤面盒快速解冻,再将开水灌入,最后把泡好的面交给消费者,不过整个过程都由机器完成。

看了半天,我终于明白了这个"无人面馆"就是一台自动贩卖机(也称自动售货机)。自动贩卖机不是新东西,20世纪70年代自日本和欧美发展而来。在日本,70%的罐装饮料是通过自动贩卖机售出的。全球著名饮料商可口可乐公司在全世界就布有50万台饮料自动贩卖机。大部分贩卖机都是卖成品的,也有卖现场制作的咖啡,国内还有现场制作橙汁的。

自动贩卖机的出现基于几个原因:人工费用不断上升,场地的局限性以及购物的便利性需要等。不过在我看来,以上的原因和消费者似乎关系

不大。即使是看上去有助于提升便利性，也因为要使用一些网络或信息化技术，无形中抬高了消费的门槛，那些不具备设备或能力的消费者，则被排除在外了，所以降低了某些消费者的使用便利性。

不过，我更好奇的是厂商为何要换个概念，使用"无人"字样，把一台"自动泡面机"包装成高大上的、颠覆式的技术和商业模式创新。其实就连我使用的"高大上""颠覆式创新"这几个词，也是这些年来的时髦新词汇。

创造词汇，是为了更好地传递信息，还包含了要把信息传递给什么对象的问题。其实，从商业角度来说，我们要传递信息的对象包括三类人：第一类是投资人，第二类是组织的员工，第三类是客户和消费者。但是在目前信息通道极其丰富的环境下，任何信息都会传递到各个对象。尽管不同对象都有不同的社会角色，但有些角色是有共性的。比如消费者，无论他的职业是什么，还是服务于哪个组织，其同时也一定是一个消费者。因此，无论传递信息的初始动机是什么，信息的最大受众和最终接收者，都是消费者群体。企业使用消费者无法理解的词汇，或造成消费者敬而远之，或带来解读成本高企，企业即使从投资者处得到了利益，最终也会因为无法得到市场认同而难以持续。

我常给创业团队建议"多花时间考虑产品，少去琢磨什么噱头""多做创新的事，少干创新词的活"，抓住了市场，投资自然纷至沓来。而靠着忽悠和烧钱得来的市场，则往往成功是偶然，失败是必然啊！

评估的简化

> 指标与目标的关系越清晰,指标才能越简单!只有把不断优化关系作为评估的目标,评估才能变得简单。

一个企业家学员跟我抱怨他公司的评估体系:赵老师,我的公司现在的评估体系有太多指标,操作非常麻烦;员工也很烦,说我们天天评估太多,每年还换来换去的。可是我看有些企业,就那么简单的几个指标就行了,我们能不能也简单点?

当我们要做一件事,可能首先要为这件事制定一个目标,然后在事情进行的过程中我们还要控制进度,纠正可能出现的偏差。为了更好地完成这些工作,我们会在过程中设置一些指标,通过对这些指标的监控,确保目标最终达成。

在评估中,最容易出现的问题就是只想着评估,忘记了目标。对于一个组织来说,可能有很多事需要去处理,每件事都有自己的目标,每件事都有自己的指标。更重要的,组织还有组织的目标,每件事的目标与组织目标都存在着关系,每件事的指标当然也都和组织目标有着这样那样的关系。但是,当组织大了,事情多了,这样的关系就愈加复杂,复杂到连我们自己都已经难以把控、都意识不到了。因此就造成了评估似乎只为了评估本身,而早忘记了事情的目标和组织的目标,于是管理上最容易出现的问题就发生了：走着走着就忘了自己为什么出发。

即使没有忘记事情的目标和组织目标，但是由于目标体系的复杂性，以及目前组织架构的局限性，仍旧会造成评估和目标脱节的现象。一般而言，为了更好地评估，需要对组织的目标进行分解。分解组织目标有两个路径：一个是组织目标—事（流程）—人；另一个是组织目标—部门目标—事—人。前者肯定是比较有效率的，但是目前绝大多数企业都因为部门的存在，大多采取了第二种路径，客观上增加了目标与评估指标之间的复杂程度。

因此在我看来，对任何组织而言，评估指标的简单，评估体系的简单，其实意味着很高的管理水平。首先需要准确清晰地定义组织目标，其次需要准确清晰地定义组织的各项评估指标，更重要的还需要准确清晰地定义不同指标与指标之间、不同指标与目标之间的关系。

我把与企业家学员的对话继续记录如下。

我问企业家学员：评估的目标是什么？

他答：不是为了完成预定的目标吗？

我：为了完成目标的评估，只会越来越复杂！

他：那怎么才能越来越简单？

我：你找医生治病，医生让你检查，是为了治病吗？

他：应该是为了诊断。

我：什么是诊断？

他：……

我：诊断就是找到指标与病之间的关系！现在知道如何才能让评估简单了？

他：……

我：指标与目标的关系越清晰，指标才能越简单！只有把不断优化关系作为评估的目标，评估才能变得简单啊！

从《唐宫夜宴》聊创意

看起来创意是"图",其实真正的创意是"意义"。

最近在一个学生企业的活动中,有人提起了河南卫视春节晚会的《唐宫夜宴》舞蹈节目。大家在一起观看了视频之后,一致认为这个节目很有创意。

我笑着问大家:各位觉得这个节目的创意是什么呢?

有人说,创意是用了先进的技术、5G、AR……

有人说,创意是结合了中国传统文化。

有人说,创意是舞美设计。

……

我笑着追问大家,各位觉得"创意"这个概念是什么?所有人陷入了思考。

我认为技术、主题、舞美、演员、舞技……都很重要,但都不是创意,准确地说,它们都是为创意服务的。

创意是什么?我的理解是:创意,就是创造新的意义。举个简单的例子,每一届奥运会都有专属的标志(即我们通常说的logo)。毫无疑问,每一个设计标志都需要创意。但每一次奥运会的标志,是如何被评选出来的呢?我认为评选大多是基于两个因素:一是好看,二是含义。所谓的含义,

就是这个图形蕴含的意义。其实,对于标志的评选,好看往往存在着标准的差异;因此每一次评选中,标志最终胜出的关键,往往都是含义这一因素,大家都认可了这个含义,于是这个标志就当选了。换言之,是图形的意义取得了胜利。而最终胜出的标志,也就成了大家取得了共识的"意义"的载体。以后每看到这个图形,大家自然就联想到了意义。因此,创意看起来是"图",其实真正的创意是"意义"。

弄清楚了"创意"这个概念。让我们回过头来思考一下河南卫视《唐宫夜宴》的创意是什么呢?我觉得可以用一句话来描述:设计游览主题,让游览对象的某个角色成为游览主体的导游和伴游,再把这个游览过程转化为营销工具。

在这个具体案例中,游览主体当然就是观众(也是潜在的游客),浏览对象是唐朝文化,舞者既是唐朝文化中的角色,也是导游和伴游,陪着观众一起欣赏唐朝文化,最终形成的这个舞蹈节目,又是唐朝文化的宣传视频,可以在节目播出后,不断地以短视频的方式在网络上反复传播。至于节目中使用的各种技术、舞美设计、演员和舞技,都是为了更好地实现创意服务的。

理解了节目的创意，那么创意的好处是什么？我仅举一个商业上的好处吧，就是大幅度降低成本。试想，若要达到这个节目产生的河南旅游营销传播效果，如果河南省选择在电视或网络上花钱做广告，需要花多少钱？估计会是个天文数字。而通过这个节目创意，用很低的成本就达到了效果。

最后，有同学问起如何才能产生创意。我给了一个建议，提升理解能力和表达能力。

任何新意义的创造，肯定是在对现有意义深刻理解的基础上产生的，在理解基础上不断思考，就可能产生新的意义。不过，创意不仅是一个念头，更需要实施，而实施所需要的则是表达能力。就像《唐宫夜宴》这个节目，即使某个创作者有了新意义的想法，还需要让团队理解、让表演者理解，更重要的，最终需要观众的理解。

节目如此，其他领域也同样如此。你有个新产品的想法，也需要让开发团队的其他成员理解，让生产团队理解，最后让消费者理解并认可，形成购买。这样的创意，才是有意义的创意！

老实的舌头

任何进嘴的东西,都要经得起时间的考验。一样东西好不好吃,仅仅吃一次,舌头给出的仍不是最终答案。卖吃的东西,跟卖房子、卖汽车、卖手机不一样,不能靠低频次消费,更不能靠一次性消费,餐饮业的本质是复购,是老客户,是多次购买。

疫情给餐饮的打击颇大,不少餐饮店门可罗雀。不过让人意外的是,等不到顾客的餐饮店,却迎来了意想不到的登门者——资本。

首先是面食店在2021年7月完成了新一轮的融资,接着是烧烤店、卤味店、米粉店等一众小吃店,在过去的半年多时间里,也受到了投资人的追捧。

虽然各自卖的食物不尽相同,但这些成功融到钱的餐饮店往往都有一些相似之处:店面装修精美,品牌风格鲜明,大多布局在一二线城市。

不过,人们在这些店铺点单时,还会有一个感受,那就是:贵!真的贵!很多人感慨:新餐饮来了。

我的一位酿啤酒的好朋友说过一句让我印象深刻的话:进嘴的东西骗不了人。他把这句话作为其酿酒的底层核心逻辑。

为什么进嘴的东西骗不了人呢?

首先舌头是人类最不容易被欺骗的器官。人的很多感觉,比如视觉、嗅觉、触觉、听觉等,都有较大的可能性会出错,但最不容易出错的是味觉。一样东西好不好吃,只要进了嘴,舌头就会给出答案。欺骗人的其他器官相对容易,欺骗舌头则要困难得多。

其次,任何进嘴的东西,都要经得起时间的考验。一样东西好不好吃,仅仅吃一次,舌头给出的仍不是最终答案。卖吃的东西,跟卖房子、卖汽车、卖手机不一样,不能靠低频次消费,更不能靠一次性消费,餐饮业的本质是复购,是老客户,是多次购买。就像骗子骗人,骗一次有可能,时间长了,骗子一定会原形毕露。骗一时容易,骗一世,不可能!

开一家饭店,卖一样食物,哪些东西要经得起时间的考验呢?我觉得不是装修,不是桌、椅、餐具,更不是宣传、打折、营销,而是食材、功夫、火候、服务。作为一名餐饮从业者,如何才能让餐馆和食物经得起考验?我觉得归根到底是态度,是这位从业者做餐饮、做食物的态度。

做餐饮和食物的态度有几种？我觉得至少存在两种。

一种态度是把做食物当作一种职业。一旦当作了一种职业，就必然把食物好吃作为追求，把服务对象的满意作为主要关注点，围绕着客户不断去研究需求、钻研业务、积累经验，甚至还把这些经验不断传承。欧洲和日本的很多餐饮店都是传承了好几代，延续了几十年的。

另一种态度则是把做餐饮当作一种买卖。开了一家店，瞬间就把自己升格为老板，天天梦想着如何赚更多的钱，开始寻找一切机会更快速地赚钱。如此一来，不知不觉中食物和店铺就成了赚钱的工具，老板天天琢磨的，就不是食物好吃与否的事了，而是如何扩大规模，如何连锁加盟，如何跑马圈地，如何上市套现了。至于来吃饭的消费者们，也就成了这场财富游戏中老板们与资本博弈的砝码。餐饮的商业模式变复杂了，原来只是把食物卖给顾客，现在则多了一层，除了把食物卖给顾客之外，还把顾客卖给了资本。

原来，每有餐饮从业者对我说"我做餐饮不想赚钱，只想做一份好吃的食物"的时候，我都会对此人暗自赞赏。不过现在再听到有人跟我说同样的话，我总会提醒自己，不要轻易相信听觉，还是让我们的舌头和时间去判断吧！

创新的自由度

> 创新与自由度有关。组织若想创新，就需要给予成员更多的自由度。即高层做出决策后，是否留给底层个体更多的自由选择权，个体可以在自身层面做不同选择。

今天是温暖的一天。

温暖不只是天气，更是感受。

第一份温暖是被告知封闭。一大早一位学生就来电告知我居住的小区被封了，关心我是否有什么需要。接着我的电话就堪比过年了，全是来自学生的问候，本地的要送吃送喝，外地的叮咛嘱咐。

下楼去拿政府统一配送的食物，路上每个人都互相招呼着，突然感觉小区的人情味一下子提升了很多。其实对于不少业主而言，能在小区晃悠已经是一件奢侈的事了，最严重的单元必须足不出户，次严重的单元可以两天下一次楼，剩下的也就只能在小区里晃晃了。

第一次发现，病毒并没有隔开、反而拉近了距离。不过业主们的自由度各不相同了。

走着走着，突然有了自由度的思考。

其实很多时候，创新与自由度有关。组织若想创新，就需要给予成员更多的自由度。即高层做出决策后，是否留给底层个体更多的自由选择

权，个体可以在自身层面做不同选择。

从企业战略管理理论发展来看，最初是先进行战略制定，再进行战略实施。这个次序的逻辑预设，是组织能够制定出完美的战略。战略一旦制定，只要实施好就行了。但这种管理的弊端是实施中出现的问题，往往很难再影响战略层面，也不太会因此调整战略了。结果往往是"一条路走到黑"，或是干脆变成"说一套，做一套"。不过，当前战略管理理论的预设已经改变为组织很难制定出完美的战略。因此，现行的方式是先制定企业的基本原则（价值判断模型），然后快速推出 1.0 版，随之再不断快速迭代，在改进中不断调整、优化。其实很多时候的迭代结果，已经与 1.0 版本发生了巨大变化。但这样的理论，需要组织也相应做出变革，小团队化、扁平化、一线化……小规模团队作战、前后线高度协同等，现在的企业竞争都是现代组织理论改革的体现。换言之，"个体选择"往往是"组织创新"迭代的关键，个体的自由度是组织创新的灵感源泉。

其实我们很多时候的纠结，往往存在着两个方面：一是选择什么，二是时机是否合适。前者往往是对"自由度"的评价;后者往往是对"保守度"的评价。

比如,一个组织要解决员工工作中餐,是选择发误餐费还是规定只能在食堂就餐;如果只能在食堂,是允许多个供应商还是指定单一供应商;如果指定单一供应商,是要求提供多种菜肴,还是只提供一种盒饭。以上每一次递进,都是员工个体自由度的差异。而保守,则只是要不要改变现状的选择。

自由度往往是方向的选择,而保守度则大多是速度的选择,因为保守一般都意味着没有新的、可选择的方向。因此,比较有益的决策选择,最好是在方向选择基础上注意速度,而不是用"速度"的名义回避选择方向。

新式代厨的风口

> 看一个商业新业态能否长远,有一个视角很重要,那就是看竞争对手是谁,或者说看新业态要替代哪一个原有角色。那么问题简单了,代厨是在跟谁竞争?是跟职业厨师,还是跟消费者自己?

合作的媒体发来了一个有趣的话题——新式代厨。

谓之新,是因为 2014 年就出现过许多"上门代厨"的项目,一些传统家政公司和餐饮企业提供的"专业厨师上门服务",多以厨师团队形式出现在新房搬迁、生日派对、家宴接待等场合,主攻高端定制美食。当时涌现出的爱大厨、好厨师、厨临门等手机应用程序,因为成本高昂,难以持续,在短暂获得投资青睐后迅速熄火。

新兴的"上门代厨"业务主攻一般家庭就餐,服务提供者是没有专业化和标准化烹饪经验的"草根"厨师,厨艺刚够满足家常需要。目标客户则是工作太累不想做饭的白领、不会做饭的年轻人、带娃的宝妈,还有那些外卖和预制菜吃腻了担心食品安全,或是下馆子次数多了"囊中羞涩"的群体,只为普通大众提供平价和方便的服务,恰是新旧两种"上门代厨"的本质差异。

在小红书上搜索"上门代厨",目前已有超过 2 万篇笔记,大量的年轻人涌进美食笔记的评论区,"嗷嗷待哺"找一位上门厨师。对此,消费者观点不一。有人认为实惠、健康、家的味道,在家就能吃到"大厨"做的饭菜,听起来确实很"香";也有人对个人安全、订单纠纷、食品安全心存质疑。"上门代厨"的新模式,是新的风口吗?能否走得长远?

民以食为天,餐饮无疑是刚需。但刚需往往是最复杂的需求,对于每个个体都必需的基础需求,呈现出来的往往就打上了每个个体的特殊烙印。换句话说,每个人都需要吃饭,但口味却各不相同。

我们会为每次吃饭做决策吗?这听起来很可笑,可笑的原因也许是因为决策是无意识的,但决策肯定是存在的,又是一种什么样的决策方式呢?

首先需要考虑的是吃饭的目的,朋友聚会、商务邀请、婚丧嫁娶、升学满月,或是就为了品尝美食;其次可能是偏好,是喜欢米其林餐厅的极致品质,是五星级酒店的优质服务,或是苍蝇馆子满满的烟火气,还是点外卖的方便省事;然后就是口味了,鲁、川、粤、闽、苏、浙、湘、徽、西式、日式……以上各类选项有无数组合,但最终都要回到一件事:谁做。别人做？还是自己做？

看一个商业新业态能否长远，有一个视角很重要，那就是看竞争对手是谁，或者说看新业态要替代哪一个原有角色。那么问题就简单了，代厨是在跟谁竞争？是跟职业厨师，还是跟消费者自己？

当然厨师大多跟口味有关，徽菜有徽菜厨师，川菜有川菜厨师，估计代厨的技能是无法和职业厨师做专业比拼的，即使有人觉得代厨的手艺适合自己口味，估计也只是个别现象。可见，代厨与餐饮店厨师竞争的只能是价格。

还有一个竞争对手，就是消费者自己。估计代厨手艺再差，也肯定超过消费者自己，不过要付钱购买，这就取决于消费者对自身时间成本的考量了。

从专业上看，厨师 > 代厨 > 消费者自己；从成本上看，厨师 > 代厨 > 消费者自己。在我看来，处在中间状态的角色，生存空间都比较逼仄，容易被替代。

即使从实际生活来看，若是消费者收入提高了，他们或是消费升级买好的，或是把闲暇花在美食制作上；若是消费者收入下降了，自己做饭可能是降低成本的最佳选项。由此可见，代厨若是找不到自己的竞争点，可能也就很难找到真正属于自己的生存空间。

其实所谓"风口"，就是"风大"。我觉得风大不大，取决于风起在哪里。对一个产业链来说，风起在上游，到你这风力可能会变大；风若是起在下游，到你这风力可能变小。一个市场上的变化，对产业链的影响较小；但产业上游企业的一项技术突破，可能会给整条产业链带来翻天覆地的变化。

做事的门槛与职业的门槛

> 如果"职业"意味着具有某种技能,或者能挣到钱就行,那也许"速成"是最好的选择。若是"职业"除了技能之外,还代表着一种做事的态度,或是一种做事的责任的话,也许除了积累之外,没有捷径可走。

现在越来越多的年轻人,在原本的职业之外开发了副业,比如开网店,用副业带来的收入让自己生活得更好。这样看起来可以在两个职业上都取得收入的年轻人,被称为两栖青年。

年轻人选择成为两栖的原因,首先是他们的兴趣变化较快,其次是经济压力大,还有兼职的成本投入很低等。

我觉得首先要探讨一下两栖的定义。所谓两栖,应该是已经在某个领域生存得很好,但仍不满足于现状,于是进入新的领域并获得了成功。所以两栖的关键,不是在多个领域取得收入,而是更强调在多个领域都具有比一般从业者更好的生存能力。

两栖青年的增多,是表明取得这样的生存能力变容易了吗?似乎不是。

我在课堂上问学生,学做一份寿司,在网络上跟着视频学的话,估计2个小时就可以做出来;可如果在日本想成为一名寿司师傅的话,需要6~8年的学习才能出师。你觉得这两者之间有区别吗?

区别在于对"职业"的理解,如果"职业"意味着具有某种技能,或者能挣到钱就行,那也许"速成"是最好的选择。若是"职业"除了技能之外,还代表着一种做事的态度,或是一种做事的责任的话,也许除了积累之外,没有捷径可走。日本把工作者统称为"职人"。职人指的是可以托付工作责任的人。

学会某些技能和成为职人是两回事。随着大众受教育程度的提高和互联网的发展,学会技能变得越来越容易,但成为职人可能意味着更难。每个人上网搜索一下,跟着视频指引或许就可以做出一道菜。做菜变得越来越容易,这并不意味着厨师不值钱了,恰恰相反,那些能把菜做出特色、做出灵魂的厨师反而更值钱了。做事的门槛低了,而职业的门槛更高了,值钱的不再是技能,而是职业所包含的态度和责任更值钱了。

当两栖、三栖……多栖泛滥时,也许可以反思一下"职人"了!

管理者的自信和角色

真正的自信是边界，是自我和外部世界的边界。从知道有边界，到划定边界，再到不断缩小边界，这是自信产生的全过程。当对世界有了敬畏之后，我们开始缩小自身的边界。随着边界不断缩小，我们才对自己的能力有了一点点的信心，这一点点信心才是我们自信的来源，才是我们不断提升自己的起点。

2021年5月23日深夜，一个企业家学员找我聊天，刚刚发生的甘肃白银越野赛的伤亡事件，让他夜不能寐。因为他也很喜欢越野，很多朋友不知道他是否也参加比赛，纷纷打电话表达关心和问候。电话接多了，再加上事故的刺激，他感觉很难受，忍不住想和我聊聊。

我们聊了许久，聊到了两个话题：企业负责人的自信和角色。

在过去与企业负责人的交往中，我发现一个特点，越是成功的企业负责人越发显得非常自信。自信的原因，我猜想也许是企业发展过程的持续成功，不断刺激和培养了负责人，即成功带来了自信。不过，还存在着一种不同观点，是把上述因果关系倒置了一下，认为是自信带来了成功。后一种观点似乎有更多认同者，越来越多的人开始坚信，自信是成功的要素，为了取得成功，必须首先培养自信。

为了培养自信，大家开始尝试不同的方法，跑步也是其中的一种方

法。很多管理者认为跑步和参加各种比赛可以培养自信,就像参加①戈壁挑战赛的同学们说的那样,"戈赛给我的最大收获,就是让我找到更多的自信去完成以前认为不可能完成的挑战。每次突破一个极限,我就能站在一个更高的平台上去迎接下一个挑战。当然这些所谓的极限,在没有战胜它之前实际上是一个限制自己发展的天花板、阻碍,甚至是自己不作为的台阶。"

我开始跑步的时候,也颇为认同这一观点,甚至也觉得自己的自信心有了很大的提高。但随着我对跑步和管理的理解加深,我的观点有了变化。这种变化首先是对"自信"的理解,什么是自信?一次又一次地挑战成功,带来的是自信吗?我觉得也许有,但带来的往往不仅是自信,伴随

---

① 玄奘之路商学院戈壁挑战赛创办于 2006 年,之后在敦煌每年举办。

而来的还有自负。自负一旦产生，立刻觉得自己什么都行、都厉害，然后自负就会马上抵消掉自信的积极因素，转而掉头走向负面。很多企业的管理者，本来只是拥有了财富，还畏畏缩缩、有点不自信的，没想到跑上步之后，就彻底"自信"了，自信到把自己都"封神"了。因此，对于成功带来的所谓自信，企业管理者们要相当谨慎，一不留神自信就成了自负，而自负有时候是致命的。

如何在提升自信的同时避免自负的产生呢？我觉得是跑得不到位。跑步这件事，存在着两层境界。

跑步首先会带来改变，包括酒量的改变（对商务人士而言，这一点往往是最先被感知的）、身体指标的改变（体检表上的指标会改善）和成绩的改变（跑步距离和配速），这些改变无疑会带来初步的自信；改变的下一个阶段，应该是胸怀，你会去参加不同的比赛，欣赏不同的风景，结识不同的朋友，了解不同的文化，在这个过程中胸怀宽广了；第三个阶段则是敬畏，因为看到了、感受到了不同的"风土人文"，于是明白了自己的局限、渺小和无知，因此对世界产生了敬畏之心。我们经常把第一个阶段的改变误以为是自信，其实真正的自信是在完成了三个阶段之后的结果，真正的自信是边界，是自我和外部世界的边界。从知道有边界，到划定边界，再到不断缩小边界，这是自信产生的全过程。当我们对世界有了敬畏之后，我们开始缩小自身的边界。随着边界不断缩小，我们才对自己的能力有了一点点的信心，这一点点信心才是我们自信的来源，才是我们不断提升自己的起点。

我把改变、胸怀和敬畏这三个阶段，称为第一层境界：提升自己。值得注意的是，这三个阶段中的后两个阶段更为重要，因为后两个阶段的认知是超越"跑步"这个领域的，是能够运用在其他领域并带来积极影响的认知。但是，后两个阶段不是必然而来的，一个人跑得再多也未必一定胸怀宽广，更不会必然产生敬畏之心，需要自我总结和思考，需要分享和交流,还要注意减少外界错误信息和理念的引导和干扰,经过自己不断努力后,才能够持续提升自己的认知。

但是,第一层境界里提到的改变、胸怀和敬畏,仍旧只是自身的提高。尽管作为一个个体,已经很不容易做到这一点了,但如果对于管理者尤其是企业负责人来说,第一层境界还远远不够,你如果真的想把跑步的感悟运用到企业管理工作中,找到自己真正的角色,你必须朝更高的境界努力。

我把第二层境界称为"成就他人"。成就他人,才是管理者的真正角色。所谓成就他人,就不是自己跑步这么简单了,而是要调动别人,让别人也跑起来,让别人也爱上跑步,让别人也在跑步中提升自身。有的老板说这个简单,我可以领跑,也可以命令员工跑步,我还可以发钱"引导"他们跑步,坚持跑步的员工,我提升他们的职务。

无论是领跑、命令还是交易,都只是短暂的,从长期而言都是无用的,甚至是产生反作用的。管理者真正的角色,是让员工实现自我驱动和长期坚持。或者说,我们要的是员工通过跑步宽广其胸怀、内生其敬畏,最终成就他人、成就团队。当一个管理者告诉我他要领跑、命令和交易的时候,唯一能说明的就是管理者自身的认知尚处在较低阶段。

无论是参与跑步还是其他任何活动,不是训练身体,更非追求成绩,最关键的就是训练一个人的认知,先做到超越自我,再努力成就他人,这才是一位企业负责人真正的自信和需要承担的角色。

获利的交易

>"网红经济"或"网红"这个角色，都容易让我们产生非常短期的感觉。以这样的角色来做生意，我觉得不仅根本无法增加信用，这种行为本身反而是一种信用的透支。

时下有一个很热门的现象，叫网红经济。我的理解这就是网络红人做生意、卖东西的一种商业模式，按照流行的词，也被称为"带货"。恰巧安徽交通广播 908 约我做一篇评论，广播上评论完了，还颇有些意犹未尽之感，于是再赘述几句。

首先，交易是商业的基本形式，交易的目的是获利，而且必须是交易双方都可以获利。乍听起来，这是一个矛盾的事情。似乎通常的理解，做个买卖，要么是甲方占乙方的便宜，要么就是乙方占了甲方的便宜，双方都占便宜的事，似乎不太可能做到。

其实，获利是可以区分时间维度的，也就是说，单次交易或是短期，可能只是消费者获利；但多次交易或是长期，就可能实现商家和消费者都获利。当然，这有个前提，就是交易必须是长期持续的。

那么，长期持续是如何实现双方获利的呢？答案是通过提升信用、降低交易成本实现的。从我们的实际生活经验来看，第一次到一家商店购物，我们都会比较价格，但一旦固定了购物的场所，时间长了，可能就会

"懒"了,因为熟悉了、信任了。其中的原因,就是信用提升了,就降低了交易双方的交易成本。因为不用比价了,商家就可以把更多的注意力放到经营上,尽管商品售价未变,但因为成本下降获得了更多的利润。因为利润上升,生存能力就可能提升,出现更多的"老字号",因为"字号"老,消费者愈发信任,交易成本就更低。这样的商业环境,反过来就鼓励商家以追求百年老店为目标,那些短期行为的商家会得到惩罚,这样就形成了一个良性循环。周而复始,整个社会的整体信用水平越来越高,社会整体交易成本愈来愈低。于是,每个商家都可以从这种良性的商业环境中获益。

举一个例子,比如健身会所的预付款模式,表面上看因为年卡价格低于次卡,所以消费者为自身获利做出买年卡的选择,其实这个选择存在着一个基本假设,就是消费者相信商家经商的目的是希望长久运营的,不是打算明天就关门的,至少能活到一年。但是,一旦出现商家关门跑路的情况,造成的损失就不仅仅是表面看来的消费者钱财的损失,更深层次的损失是信任，消费者不会再轻信商家了，这种不信任是会殃及包括无辜商家在内的所有商家的，还会传染给其他人。一旦连最基本的信任都没有了，消费者甚至怀疑商家开店的初衷了，认为商家一开始就是来骗人骗钱的，对于所有人而言，就是一场灾难。换句话说，如果整个社会的信用水平下降了，做任何事的交易成本都会增加，这个社会的每个人最终都是受害者。

网红经济是否可持续呢？我持怀疑态度。良性商业环境的前提是长期交易，"网红"的世界，似乎就是一个快速迭代的世界，走马灯一样，你方唱罢我上场，每一个网红都是昙花一现，转瞬即逝。别提"网红经济"了，甚至"网红"这个角色，都让我们产生非常非常短期的感觉。

以这样的角色来做生意，我觉得不仅根本无法增加信用，这种行为本身反而是一种信用的透支。在我看来，网红能否做好商业我不敢保证，更快成为过眼云烟的可能性倒是极大。不做生意，可能还能多"热"一阵，"带起货"来，恐怕就是"快闪"了。不过，损失了网红自己的前程也就罢了，但这种扭曲的商业模式，对整个社会信用的影响却是不可不警惕的。

"万物外卖"是趋势吗？

消费者点了一个"外卖"，买的根本不是"物"，而是"外卖"本身，"外卖"本身就是一种特殊的服务产品。"万物外卖"的本质是"外卖"，作为一种产品，"外卖"的卖点就是"便捷"。

【新闻线索】

不知你发现了没，现在打开美团外卖或饿了么 App，不仅可以点餐，还能点水果、鲜花、药品等，代表万物皆可送的时代已到来。

美团外卖、饿了么从送外卖进化到送万物，意在将非外卖类订单打造成新的增长引擎。不光外卖平台，达达、闪送等即时配送企业也热情高涨，加上顺丰等快递企业纷纷入局，即时配送赛道十分火爆。

问题来了，放眼未来，大热的即时配送市场谁主沉浮？

【新闻评论】

买一样东西，要区分到底是叫"外卖"还是叫"网购"，首先要弄清楚外卖与网购的差异。这两者主要的区别是买东西的范围，或者说买卖双方距离的远近。网购的范围比较大，买卖双方的距离可以很远，全国、全球都可以；但外卖的范围比较小，一般买卖双方都在本地。

为什么要点外卖？因为方便，坐在家中手指点几下，就完成了购物，

过不了多久,东西就送到了家。其实,所谓的万物外卖,真正的关键不是"物",消费者点了一个"外卖",买的根本不是"物",而是"外卖"本身,"外卖"本身就是一种特殊的服务产品。万物外卖的本质是"外卖",作为一种产品,"外卖"的卖点就是"便捷性"。

"便捷性"这个东西,在购物流程中并非新鲜事物,其他像安全性、体验感等,都是购物的构成要素。但外卖这一产品的出现,把便捷性打造成了卖点,把便捷这个体验放到了购物需求的首要位置。

任何产品的生产要素之间,都是相互制约的,比如生产时间和产品质量,一个东西想要好吃,可能就无法速成,例如快餐相对而言口味就会差一点。换句话说,提升某一种要素的排序,往往意味着不得不对其他要素付出某种程度的牺牲。

外卖把便捷性放在首位，那么其他要素可能就要发生相应的改变。在实际生活中选择一家饭店吃饭，我们肯定会先看看店面的位置、装修风格、卫生程度、店员态度等，然后才能做出选择。如果只能对着网络上几张照片和若干条将信将疑的顾客评价就做出决策，选对的难度肯定大幅提升。换言之，便捷性对信任度提出较高要求，我们放弃了挑选店铺的权力，把它让渡给了平台，甚至交给了店铺自己，靠它的自律。而平台或店铺能否担负起这份信任，值得怀疑。

便捷性改变了传统的购物流程，将"先试后买"改为了"先买后试"，可能会提升购物的退换成本。传统服装购买模式下，在成交前我们通过"试衣"环节基本找到了合适的尺码；如果切换到"外卖"模式，换退的可能性大大提升，一旦出现换退，网购模式还可以接受，但外卖模式的便捷性将完全丧失了。

最后，"外卖"购物往往都是快速决策，而面对过多选项时，快速决策很容易产生焦虑，一是选择太多造成的"选择"焦虑，另外就是快速选择后担心选错的"错过"焦虑，这些心理焦虑也会降低购物体验。

中国有句老话"欲速则不达"，购物是一种综合的系统体验，过多强化某一种体验，固然可能相对快速地引导出部分"需求"，但长期地强化单一体验，无论是对供给方还是需求方，恐怕都是难以持续的。

在我看来，对我们的生活而言，外卖肯定是一种存在，但应该也只是一种选择而已吧。

最喜欢的客户还是最讨厌的员工？

> 这个世界的每一个人都有着双重角色。穿上了工装，就成为了某个组织的上班一族；而脱下了工装，就成了消费者。对任何一个组织而言，看上去是培养员工，其实也是在打造消费者；而组织的任何客户战略，换个角度其实也同时在培养员工。

【新闻线索】

一直下单一直爽？警惕被支配出来的消费欲。

原本没有过多的物质需求，但因为看了某场直播、某个推送而突然激发了某方面的消费欲；花费上千上万元的衣服、鞋包，分分钟下单；花呗/信用卡在手，轻松分期，啥也不愁……这正是当下部分年轻人的消费行为剪影。然而，在"一直下单一直爽"的背后，大家可能并不知道的是，我们早已被品牌、商家、平台制定的"竞争战略"和"客户战略"悄无声息地盯上了。

【管理评论】

一位企业家问我：企业应该制定什么样的竞争战略和客户战略？

我回答：如果你的员工自己愿意消费自己企业的产品，成为自己企业的客户，同时你作为老板也愿意让他们成为自己企业的客户，这样的战略

就是好战略。

企业家第一反应反问:你指的是产品安全问题吗?

我回答:不光指安全。

他又奇怪:老板怎么会不愿意员工成为自己客户呢?

我没回答问题,给他描述了一种现象。

随着年轻一代逐渐成为主力消费人群,企业和商家为了迎合年轻人的喜好不遗余力、无所不用其极,通过品牌跨界、电商带货、网红种草等方式吸引年轻人的注意力,紧抓年轻人的痛点,摸清年轻人的内心所需,还提出懒宅经济、颜值经济等市场战略,希望客户越来越"懒"、越来越依赖、越来越肤浅。

除此之外,大数据技术的进步使得更多细分化的广告更精准地投放给目标人群,引导潜在的消费需求;再加上各种名义的促销节、促销日、直播带货等场景化营销手段,不断鼓励目标客户一次次地清空"购物车"。

钱包不够厚，可以信用消费，各种各样的信用贷金融创新层出不穷，86.6%的中国年轻人曾经使用过各种消费信贷产品，越来越多的年轻人甚至追求"精致穷""富态穷"的消费观，赚得不多仍然追求所谓的"精致"，为自己向往的生活和喜欢的东西"变穷"。

描述完以上现象，我反问企业家，请问如果这样的年轻人成为你的员工，你愿意要吗？

企业家笑着说，这样的员工我是坚决不要的。

其实，这个世界的每一个人都有着双重角色。穿上了工装，就成了某个组织的上班一族；而脱下了工装，就成了消费者。对任何一个组织而言，看上去是培养员工，其实也是在打造消费者；而组织的任何客户战略，换个角度其实也同时在培养员工。

如果当我们把消费者朝自己理想类型打造的同时，却把他培养成了我们最讨厌的员工类型，何尝不是搬起石头却最终砸了自己的脚呢？

联名的本质

人类的认知,更多是通过类比的方式获得,当不同的东西一起摆放在我们面前的时候,我们对任一种东西的认知效果反而好过单独学习。因此通过对比和类比的方式,提升消费者对不同品牌内涵信息的接收程度,是联名本质的一个维度。

【新闻线索】

2021年5月17日,喜茶推出了与清洁品牌威猛先生联名的四款油柑产品。对于这样的联名,有网友调侃道:"这是饮料还是消毒水?""不是很敢喝。"这并不是喜茶第一次因联名而翻车。据不完全统计,2017年初至2021年5月19日,喜茶已经与74个不同的品牌联名推出产品。

然而,诸多案例证明,在经历过众多品牌跨界联名之后,消费者对于品牌联名的阈值越来越高,普通的联名往往很难吸引用户的兴趣,IP联名过度滥用,也会损伤用户对品牌的忠诚度。

【管理评论】

国内知名饮料品牌"喜茶"与清洁品牌"威猛先生"的联名饮品,因被不少网友调侃而效果不佳。据说喜茶近年联名跨界营销活动的成功案例乏陈。其实,喜茶的案例并非个别现象,在经历过众多品牌跨界联名之后,市场对于品牌联名的营销方式普遍阈值提升、兴趣下降。似乎到了该反思的时候了。

联名的目的是什么？从目前的众多案例来看，联名的目的似乎有两类：一是客户群体相似的品牌联名，目的是增加客户的接触频度；二是客户群体不同的品牌联名，目的是出圈，实现彼此的客户共享。但仔细想想，这两类联名似乎最多算是做个广告，让品牌出现了而已，难道"出现"就是联名的本质吗？联名到底是"联"什么呢？

我觉得联名不仅是品牌名字的连接，只满足于两个品牌 logo 同时出现，而是品牌意义的连接和品牌内涵的连接。任何品牌都有其特有的、与众不同的品牌内涵和产品语言，但不可避免的是品牌建设方（企业）和接收方（消费者）之间，经常存在着对品牌理解和认知的差异，即对于同一个品牌，企业希望传递的品牌内涵和使用的产品语言并没有被消费者充分理解，两者间存在着歧义，甚至很多时候这个歧义就像买家秀和卖家秀的差距一样巨大。

传统的品牌宣传和传播，是对品牌已有内涵和产品语言的持续强化，是一种不断加强的迭代。这种企业不断地把品牌信息推送给消费者的过程，更像是一种单方面的、一厢情愿式的信息灌输，但效果往往并不理想。因为人类的认知，更多是通过类比的方式获得，当不同的东西一起摆放在我们面前的时候，我们对任一种东西的认知效果反而好过单独学习。因此，我认为通过对比和类比的方式，提升消费者对不同品牌内涵信息的接收程度，是联名本质的一个维度。

联名本质的另一个维度，是为了促进品牌内涵的创新和新产品语言的构建。对任一品牌而言，其都希望品牌内涵不断创新，但创新并不容易，一是创新本身缺乏路径，二是创新需要得到市场的认可。联名似乎提供了一种创新路径。创新需要在冲突和碰撞的环境中产生，联名恰巧是一种碰撞，当不同的品牌连在一起的时候，就会引发各种"冲突"。比如，设计联名产品的冲突，要设计一款能得到各自企业认可的产品，必然会在设计过程中引发冲突；其次，还有市场定位的冲突，联名产品若想热卖，必须综合考虑不同品牌的客群特点，这势必也存在大量冲突；除此之外，原材料选择、供应商选择、售卖时间、售卖方式……各个环节都肯定隐含着各种各样的冲突。

所有冲突的缘由，都来自联名双方原有的品牌内涵和产品语言的碰撞，以及原有客户群体对于品牌不同理解的碰撞。

举个例子，就像两个人开始交往谈恋爱，意味着双方都要为这种新的关系做出改变，过程中肯定会出现各种冲突，表现形式就是两个人的吵架，吵得严重了也许就会分手。吵完能和好了的，或是搁置了冲突，或是改变了自己，都是形成了新的认知或新的自己。所谓的恋爱常常带来双方的成长和成熟，就是这个道理。

品牌企业之间的联名，也像是建立了一种恋爱关系，不过联名的恋爱关系比普通人的恋爱关系要复杂，不仅品牌双方会发生冲突，品牌的消费者之间也会发生冲突。准确来说，不同品牌内涵的碰撞就是由品牌消费者来完成的。联名产品一经推出，消费者就会做出回应，通过消费者的反应，品牌双方一方面可以了解自己与消费者对原有的、自认为的品牌内涵理解的差异程度（经常是在联名活动开展后，企业才发现自己对品牌的理解与消费者的理解完全不同）；另一方面，品牌双方还要通过客户反馈，观察联名后的品牌创新情况，是否出现了新的内涵或产品语言。联名活动其实是联名双方企业与各自消费群体的互动过程，在这个过程中，企业对自身的品牌内涵和产品语言都有了更深刻的理解。

人有两样东西，想要的和不可或缺的。想要的东西往往是外部的，不可或缺的往往是我们拥有却又视而不见的东西，不可或缺的东西其实更重要，它就是你的一部分。我们基本上不会对自己的某个部分谈喜不喜欢的事，喜欢意味着可以选择，离不开则意味着不可选择。

企业对于自身的理解，其实也包括两个部分：努力的目标和存在的假设。努力的目标是你希望得到的东西，而存在的假设是你不能失去的基础。就像赚钱可以是人的目标，但空气是人存在的前提。努力的目标是后天的，往往可以选择；存在的假设却是企业最初建立时的根本，也是经常被忽视的甚至没有意识到的东西，但这些东西是无法选择、必须接受的。对于企业而言，目标没有达成会产生问题，但若是失去了存在的假设，那就是灭顶之灾。

人对自己的认知，往往是由外而内的。知道了不喜欢的，才明白喜欢什么；知道了不想要的，才明白想要什么；知道了虚假，才明白真实；知道了痛苦，才明白快乐；知道了失去，才明白拥有。所有的知道到明白，都是视角的转换。

对于很多人而言，转换视角尚且并不容易，对于企业而言则更为困难。联名这个模式，给了企业转换视角的机会，让企业有机会换个角度看看自己，找寻自己的本质和最初的意义。

我始终坚信，你喜欢的，只是对你有价值而已；你离不开的，才是你的本质。

会员制仓储超市的本质

只有当消费者把服务的排序放到了价格的前面，才会倒逼商家去不断改善服务，从而离开低价竞争的泥沼，商家也才有了良性发展的可能。

【新闻线索】

会员制仓储超市的时机来了。2021年10月15日，家乐福中国首家会员店向公众开放并宣称，规划在未来3年内将200家大卖场中的100家全面升级改造为付费会员制的会员店。此前的9月26日，山姆会员店（沃尔玛旗下会员制仓储超市）中国首家旗舰店在上海开业，现场也是异常火爆。

其实，会员制仓储超市并不算新的零售业态，但在近一年的时间里却突然成了"香饽饽"，成为各大零售企业争先进军的领域。山姆会员店、麦德龙、Costco这样的老品牌加快了扩张的步伐，家乐福、盒马、永辉超市多家未曾涉足这个领域的零售企业也纷纷宣布入局。

【管理评论】

记得女儿几年前在骑了当时的小黄车（共享单车领域曾经的领先品牌）之后，这样对我说："爸爸，商业原则是让客户占便宜，从这一点而言，我觉得共享单车确实让消费者占了便宜。"

直到今天，女儿仍然记得我当时的回答："商业原则确实是应该让消费者占便宜，但有一类除外，就是图便宜的消费者。而在一个市场中，图便宜的消费者多了，就会损害这个市场，产生劣币驱除良币的现象。"

商品销售的第一个要素是复购，若产生不了复购，任何商业模式都不可能成功。而产生复购的原因，则是商品销售的第二个要素。复购原因可能有两个：一是低价，来自价格；另一个是信用，来自服务。

低价和信用是商业永恒的难题。毋庸置疑，消费者对任何商品绝大多数的初次购买，大多是因为低价。毕竟，在没有相互了解的前提下，面对众多商家，价格是唯一可以比较的东西。但对商家而言，如何快速增加消费者初次购买后对自身的了解程度，迅速建立商家与消费者之间的彼此信用，是建立一个良好的商业模式的重要基础。只有当消费者把服务的排序放到了价格的前面，才会倒逼商家去不断改善服务，从而离开低价竞争的泥沼，商家也才有了良性发展的可能。

为什么会发生劣币驱除良币的现象呢？就是盲目追求低价的行为会造成服务质量不断下降。大部分商品的销售都不是一锤子买卖，都需要售前和售后的各类服务，追求低价的结果就是服务被彻底阉割，甚至为了低价出现坑蒙拐骗的现象。任何一个市场中，一旦图便宜的消费者占据了主要群体，商家对于价格和服务的排序就会受到影响，背离服务转而盲目追求低价，进而影响整个行业的发展。

但是，消费者复购原因从"低价到信用"这一转变的关键，往往不在消费者，而在商家。商家必须承担起建立信任的主要角色和责任。商家必须清醒地认识到，消费者对于服务和价格的排序是不一致的，对于服务层次的要求同样也是不一致的，商家必须筛选与自己服务定位匹配的那一类客户。

不过，筛选是需要时间的，很多时候，商家可能无法获得足够的时间试错，或者商家的耐心不够，于是很多商家不得不又回到了低价竞争的老路上了。

会员制仓储超市这一商业模式的本质，就是商家用会员卡所对应的部分优质低价商品，锁定了客户一定周期的消费，为自己用服务建立信用赢得了时间。但最终结果如何，考量的将是彼此的耐心。

500亿元电影票房的意义

营销手段和观众的猎奇心理也会造就高票房，因此票房并不代表影片的好坏，只能从某些角度说明影片的拍摄质量。500亿元市场的最大意义，我希望是未来催生出更多元化、更分众化、满足不同细分群体需求的市场，以及更具包容性的多元化评估体系。

【新闻线索】

截至2017年11月20日，全国电影总票房突破500亿元大关，创下新纪录。2017年迄今为止的500亿元票房中，国产票房为262亿元，占比52.4%。

近年来，中国电影市场始终以年均30%左右的增长率保持高速增长。从2003年电影产业化改革启动时全国总票房10亿元，到只用324天即突破年票房500亿元，中国电影只用了短短十几年，这是世界电影史上都未曾有过的速度。

【管理评论】

我觉得我连个好观众都算不上，因为我看的电影不多。为什么看的电影不多呢？可能就是我好像没看到什么喜欢的电影。换句话说，对我而

言,好电影好像比较少。因此,在我们用这么快的速度完成了一个难以企及的目标之后,未来怎么才能突破呢?我觉得,好电影是一个思路。

什么才叫好电影?

可能看电影的人分成两种:第一种是消遣的;第二种是喜欢琢磨的。我属于第二种。对于第一种人可能就是电影看得越多越好,有时间就可以去看;第二种人可能就想挑着看一看,因此就有了看好电影这种需求。

第一个让我容易鉴别出好电影的,就是系列电影。海外的大片有很多都是系列的。为什么系列片更可能是好电影?因为它需要不断地突破自己,当它愿意拍系列片的时候,一定已经在一个高峰上了,一定票房很不错。当再去拍续集的时候,就意味着还要突破上一部的票房。想要有这样的突破,光靠复制原来的创意、拍摄的技术、故事的情节,都是很难达到的。因此,这意味着需要做很多的创新,正是在这样的创新中不断推动着电影的各个环节不断地进步。在 500 亿元票房中,国产片已经占了一半份额,那么,是不是能有更多的系列片、更多的续集出现?

第二,就是建立一个好片的评估体系。以前我们认为好片就是票房高的影片,谁票房高谁就是好片子。其实营销手段和观众的猎奇心理也会造就高票房，因此票房并不代表影片的好坏，只能从某些角度说明影片的拍摄质量。比如，豆瓣评分好像就经常不给票房面子，很多票房很高的片子，豆瓣评分并不高；相反有的片子票房惨淡，倒是豆瓣得分很高。这可能就给了我们一个多元化评估体系的启示。希望未来这样的评估体系越来越多，因为每个人的偏好不同。500亿元市场的最大意义，我希望是未来催生出更多元化、更分众化、满足不同细分群体需求的市场，以及更具包容性的多元化评估体系。让不同的人都有各自喜欢的电影，让不同的电影都找到自己专属的观众。

只有这样才能在500亿元的基础上，让电影业有更进一步的发展。更希望未来我们看中的，不是500亿、800亿、1000亿元这样的突破，而是有更多的好电影出现。

商场和战场

"商场"需要文明,"战场"则代表野蛮;"商场"要求诚信,"战场"不乏狡诈;"商场"需要标准,"战场"不讲底线;"商场"是比"优","战场"是斗"恶"。

【新闻线索】

2018年6月25日上午10时,腾讯公司官方微博发布声明称,腾讯就遭遇"黑公关"事件正式报案。

腾讯公司称,近期遭遇了持续、密集、非常规的恶意攻击,文章普遍缺乏基本论证逻辑,利用各种拼凑的信息和不实谣言抹黑腾讯及相关互联网产业,存在明显的"黑公关"操控迹象,腾讯已就近期掌握的一些线索向公安机关正式报案,并将配合公安机关对其依法打击。

腾讯公司公关总监随即转发该条微博称,"在高科技行业,频繁使用黑公关手段,极为不齿,希望所有竞争回归阳光之下"。

腾讯话音刚落,当天上午11时30分,今日头条运营公司字节跳动也发布声明称,就遭遇大规模、有组织的黑公关向公安机关报案。

【管理评论】

无论是在课堂上,还是在日常生活里,经常有企业家不断重复一个概念,就是"商场如战场",我觉得这句话所隐含的理念,已经在很多中国企业家心中打上了深深的烙印。可能是出于这个原因,我们不把英语中的"competitor"翻译成"竞争者",而是翻译成"竞争对手",无形中把彼此的关系从"参与者"变成了"敌人"。

商业竞争,我觉得是企业如何获得消费者的青睐,让消费者选择你的产品,而且持续选择。为了得到消费者,企业就要进行商业竞争,但这个竞争不是战争,不是你死我活,更不能不择手段、没有底线。

就像两个男孩子同时喜欢上一个女孩儿,于是,两个男孩子各自展示自身优势,让女孩儿通过了解进行比较,最后做出选择,然后开始相处、相恋,甚至结婚。

据说从前两个男孩子可以选择决斗的方式竞争,但现在这种行为早已被法律禁止。如果在竞争中哪一方使用暴力或其他卑劣手段,一旦被女孩儿知道了,可能反而是"适得其反",赢了对手,丢了"芳心"。

由此可见,正常的"商场"并非"战场"。"商场"需要文明,"战场"则代表野蛮;"商场"要求诚信,"战场"不乏狡诈;"商场"需要标准,"战场"不讲底线;"商场"是比"优","战场"是斗"恶"。

当所有的竞争都成了你死我活的战斗,为了胜利可以不惜代价,那么,商业文明、社会责任……这些都只会离我们越来越远。

海底捞案例里的常识

很多企业在创业之初,都是把消费者的排序放在自身利益前面的,首先做的都是对消费者而言"对"的事情,所以在竞争中活了下来,发展较快。但规模大了,就开始更多地关注自己的利益了,在选择"对"的事的时候,对自己"对"还是对消费者"对",二者的排序与创业之初可能就会有所不同了。

【新闻线索】

一度"疯狂扩张"的海底捞,要开始收缩了。2021年11月5日,海底捞发布官方通知,决定在12月31日前逐步关停300家左右客流量相对较低且经营业绩不及预期的海底捞门店。

2021年6月15日,张勇在一次交流会上坦诚:"我对趋势的判断错了,去年6月我进一步做出扩店的计划,现在看确实是盲目自信。当我意识到问题的时候已经是今年1月份,等我做出反应的时候已经是3月份了。"这也反映在资本市场上,春节过后,海底捞股价冲高回落。截至11月5日港股收盘,海底捞股价涨5.46%,报收21.05港元/股。今年2月,海底捞股价达到历史新高的85.75港元,总市值一度超过4600亿港元。按照11月5日收盘价计算,海底捞最新市值约1150亿港元,较年内峰值缩水近3500亿港元。

【管理评论】

上过我的课程的人都知道,我对海底捞一向不太看好。但我还有个原则,就是企业发展好的时候,可以"泼冷水";但发展受挫的时候,不要"落井下石"。因此我不打算批评海底捞,也不想探讨海底捞到底做错了什么,因为这并不重要。重要的是海底捞的案例,能让其他企业借鉴的是什么。

我觉得值得借鉴的其实都是常识。我就说两点。

第一个常识:没有对象,就没有对错。

大部分所谓的"对",往往都是对某一类对象而言的。一件事,或是对经营者而言是"对"的,或是对消费者而言是"对"的。但很少存在同一件事,既对经营者是"对"的,又对消费者也是"对"的。更大的可能反而是,对经营者"对"的事,恰恰对消费者未必是"对"的。

因此,当你去反思做错了什么的时候,可能首先要把对象搞清楚,再去分析"对错"。

第二个常识：对象群体发生了变化，或场景发生了变化，"对错"也会发生变化。

有的消费者吃饭的时候，特别喜欢服务员在旁边嘘寒问暖，而有的人就想清静地品尝食物，不喜欢有人打扰。甚至同一个人，不同的时候与不同的人吃饭，对服务的期望也是不同的，比如请客户吃饭的时候，就喜欢服务员热情一点，而和伴侣吃饭，也许就更希望享受两人世界。因此，不仅群体不同，"对错"也不同；即使是同一个人，处于不同的场景，"对错"的标准也会不同。

一个企业在规模较小的时候，对于以上两件事的决策都比较简单。大部分成长较快的企业，最初都是把消费者的排序放在自身前面的，首先做的都是对消费者而言"对"的事情，所以在竞争中活了下来，发展较快。但规模大了，就开始更多地关注自己的利益了，在选择"对"的事的时候，是选对自己"对"还是对消费者"对"，二者的排序与创业之初可能就会有所不同了。

另一方面，当一个企业大规模扩张的时候，面临一大挑战就是对象的多元化，也就意味着"对错"的复杂化。因为顾客群体类别多了，要求不一样了，过去对的也许今天就会变错，至少是不通用了，企业经营的难度就会急剧放大。当每个企业把做"大"当作追求，都把新市场、新客户作为业绩增长指标的时候，别忘记了这可能是一条并不容易的、并非可以靠简单复制之前成功就可以轻易实现的目标。

希望无论是海底捞，还是其他企业，都能做出"对"的选择。

雪糕升级

"高价往往质低,质高才能价低"。质量高的关键是稳定性、是工艺。稳定性越差,残次品越多,成本就会越高,售价只能居高不下;稳定性越高,则残次品越少,相对应的成本才能越低,价格才能不断降低。

【新闻线索】

在很多人的回忆里,炎炎夏日总少不了很多知名品牌雪糕的陪伴。如今的夏天,却成了各路网红雪糕争奇斗艳的舞台。近期,不少媒体实地走访超市、雪糕批发店发现,雪糕价格基本走入"十元时代"。不仅如此,纵观整个雪糕市场,几乎已经没有十元以下雪糕的容身之地,动辄几十元甚至三位数的价格,让广大消费者大跌眼镜。

不过,消费者对此做好准备了吗?雪糕又缘何涨价?

【管理评论】

新闻评论组问了我一个问题:为何雪糕越来越贵?

我觉得雪糕"升级"可能存在两个原因。

一是降低售价的主观愿望不强。的确,近年来雪糕相关原材料价格不断上涨,但由于消费端同时发生了变化,因此价高也能卖得掉。

造成消费端变化的,是互联网发展带来的传统品牌影响力下降且定力不足。互联网带来的首先是消费动机的变化。一般而言,商品的消费属性,即消费者的购买动机,或是产品的功能性,或是产品的炫耀性。但无论是功能性还是炫耀性,都必须基于产品质量,品牌是质量相关口碑的积累结果。因为质量体验无法短期完成,甚至要靠数代产品的接力,所以传统品牌需要较长的形成时间。有一点必须提醒注意,产品的炫耀性与功能性是不可分的,脱离了功能性的炫耀性,无法单独支撑品牌。就像一双球鞋,必须首先具备穿着走路的功能,否则其炫耀性就毫无意义了。

但互联网的发展改变了产品消费属性,大大提升了产品炫耀性消费的占比。产品的功能性不再是消费动机,相反,拍照上传朋友圈成了很多人购买商品的主要目的。换言之，互联网使得产品炫耀性可以独立于功能性存在，甚至成了消费的主要动机。很多人买球鞋就是为了拍照，做一些所谓的"评测"，至于穿不穿都已经不太重要了。

炫耀性消费的深远影响，就是悄悄地腐蚀了"质量"这一产品关键要素。很多传统品牌的口碑本来靠的就是历史上的品质积累，但在互联网快速发展之前，因为各种原因，很多老字号的产品质量已经经常被消费者诟病，品牌公信力不断下滑。再加上网红经济的爆速发展，传统品牌受到更大冲击，把本已不再坚定的品质"定力"彻底放弃，转而打着所谓的"拥抱互联网"旗号，与众多"网红新贵"共同开始追求脱离质量基础的"炫耀"。

没有了"质量"的支撑，炫耀唯一可以依赖的就是所谓的"小众""高端"和"新奇"了。雪糕这个品类尤其适合炫耀特点，价格再离谱也不至于付不起，还恰好契合了"高端""小众"；一副模具就能"创新"，配合各种吃法的照片和视频非常适合传播，这么与互联网绝配、迎合消费者炫耀需求的产品，价格怎么能便宜呢？必须"升级"！

雪糕价格贵的第二个原因，我认为是厂家降低成本的客观能力不够。我有一个经常引起争议的观点，就是"高价往往质低，质高才能价低"。

站在生产的角度，质量控制就是保持稳定性，所谓质量高，就是产品指标高且稳定性高，用数学语言表达，就是"均值高且方差小"。均值高就是你的产品指标平均值高于竞争对手；方差指的是波动，波动大的就是残次品或废品较多，方差小则意味着产品指标波动小，稳定性高。均值高需要技术能力，波动小靠的是工艺水平，但再高的指标如果无法保证稳定性也毫无价值，因此质量高的关键是稳定性、是工艺。稳定性越差，残次品越多，成本就会越高，售价只能居高不下；稳定性越高，则残次品越少，相对应的成本才能越低，价格才能不断降低。因此，质量高反而能降低成本，压低售价，提高产品和品牌的竞争力；而单纯的价格高，反而可能掩盖了质量控制上的不足，也给品牌的持续发展造成隐患。

对于任何企业而言，决定工艺水平的是管理能力，没有管理能力支撑，工艺水平很难持续提高；没有了管理能力的保证，企业的长久存续也就让人存疑了。

其实，这个世界很多时候都一样：每个人都盼望着升级，但最要提防的反倒是"明升暗降"。

免费的"二手交易"?

> 作为一个消费者,如果你免费得到了产品,那八成你才是真正的"产品"。

【新闻线索】

2022年以来,多个二手平台陆续发布服务收费或上调费率引起广泛关注。不少平台宣布生活服务业务开始收费,二手交易"自由市场"中交易成功的订单不再全额补贴服务费,而是改为代扣。

一时间,二手交易是否应该也像其他消费领域那样收费引发争议。甚至有人提出:部分平台为何敢于打破二手市场C2C交易中多年形成的免费"习惯"?

【管理评论】

在我们的日常生活中,有个大家都很熟悉的说法,某个人在一笔交易中,因为交易对手更专业而蒙受了损失,别人会安慰他(他也会自我解嘲)说:"就当交了学费吧!"

如果这个损失算交学费的话,那是给谁交的学费呢?似乎理所当然是受害人的。我却不这么认为,这个学费恐怕是替对方交的,或者准确地说,是给对方之前学费(学习成本)的"补偿"。

任何一笔交易,都是需要专业能力的,除了天生禀赋之人,大多数专业能力的具备都是需要成本的。别人提前学习了某种能力导致你交易吃亏,人家的学费自然就转嫁到你的头上了。不过能力不足也有解决方案,可以寻找外援,通过购买第三方服务实现。往往市场规模越大,参与交易所需的能力就越高,因此在大规模市场中,必然存在着帮助弥补交易能力不足的服务商。当然,这些服务商的主要服务对象是买家,服务价格也随行就市,高质高价,一分价格一分货。

二手交易市场分为两类:一类经常被称为"跳蚤市场"或"车库市场",这类市场中卖家主要目的是处理闲置物品,不太在意卖出什么高价。另一类被称为"拍卖市场",这类市场与前者恰恰相反,卖家的主要目的就是寻求高价。

目的不同,对买家交易能力的要求自然有所差异。处理闲置物品的跳蚤市场,自然也用不着什么高端交易能力,这些服务还会增加交易成本,大家都求个方便便宜,其他费用最好能少就少、能免就免。但拍卖市场就不一样了，不仅对诚信度要求较高，还可能存在着巨大的信息不对称，交易双方都必须加强自身交易能力。尤其是相对弱势的买家，第三方服务就必不可少了，这时候若还想着省钱，就可能捡了芝麻丢了西瓜，省1元钱服务费的结果恐怕是替人家多交100元的"学费"了，市场混乱和欺诈现象恐怕也就层出不穷了。

　　我常说，作为一个消费者，如果你免费得到了产品，那八成你才是真正的"产品"。

反向定制和爆款

真正的定制有两种，一种是功能性的，另一种是艺术性（审美）的。功能是对使用中"痛点"的挖掘，艺术则是对审美需求的洞察；功能性是基于群体的，艺术性则是个体的。

【新闻线索】

在 2022 年刚刚落幕的"双 11"中，各大平台的"反向定制"成为多个电商平台的创新模式和新增长点。所谓反向定制，是指电商平台根据大数据，在用户需求的分析基础上，与商家共同定制集合了消费者需求最大公约数的"爆款"产品，以此带动销量提升。

例如，电商平台发现职场女性秋冬换季时更关注通勤服饰，简约风、职场风的通勤大衣在平台的搜索量不断上升，于是电商平台与品牌方联合定制了一款通勤款大衣，"双 11"期间销售环比提升 73%，成为此期间的爆款。另外，国内头部羽绒服品牌与电商平台合作推出的一款定制羽绒服，销售也环比日常提升了 130%。

【管理评论】

在我看来，无论什么方式，最终能拉动消费都是好事。但更让我感兴趣的是"反向定制"这个概念。

"定制"这个词起源于英国伦敦的萨维尔街(Savile Row),这条街被称为"西装裁缝业的黄金道",因传统的定制男士服装行业(bespoke tailoring)而闻名。简言之,定制起源于量体裁衣,指根据不同的身材制作合适的衣物。萨维尔街的定制服装不仅是行业的最高标准,更引领着时尚文化的方向。

其实,还有一种早在农业社会就已经出现了的"定制",手工业中诞生的最简朴的定制。彼时的定制不是建立在个性化需求的基础上,而是建立在生活基本需要的基础上。比如铁匠制作各类工具都是定制的,这种定制一是因为铁匠工作的专业性;另一个则是来自铁匠在长期制作某类工具的过程中,与不同的客户经常交流,积累了不同客户工具使用过程的大量经验,据此不断改善该类工具的各项功能,同时还把普及推广使用经验作为招徕客户的方式。对于一个铁匠来说，专业性固然重要，但从客户使用中的学习能力，往往决定了一个铁匠生意的好坏。

通过自己的数据收集和分析，做出了得到更多客户喜爱的工具，就有了最早的"爆款"，爆款可以为铁匠铺带来更多的销售收入。其实所谓的爆款，指的就是人人都想消费且都能消费得起的产品，其中"消费得起"是爆款的关键。

这样的模式进行了几千年，突然大规模工厂出现了，可以低成本地生产各类工具，彻底替代了原来的铁匠铺。于是铁匠铺不得不转型，有的被收购了，有的倒闭了，有的成了工厂的销售渠道。

原来的定制不存在了，不过发展出了新的定制模式（英国伦敦的萨维尔街定制），区别于规模化的标准产品的、完全个性化的高端定制出现了，如为高端客户定制衣服、为某个家族定制金属徽章等，成了完全个性化的高级定制。

当工具工厂越来越大，渠道也越来越复杂，工厂距离最终客户越来越远，产品与需求之间的偏差越来越大。这时候渠道商发现了机会，它把渠道整合成一个平台，利用其对消费者的数据记录和分析，开始与工厂合作，甚至把工厂收编为自己的附属。于是，传统定制工具的那些"铁匠"们似乎又回来了。

关于定制，我觉得第一个要明确的常识，就是定制的主要受益者是定制要求提出者。我想穿一件合身的衣服，因此我就提出了定制的要求，裁缝按照我的身材制作了衣服，满足了我的需要，所以我是定制的最终受益者。裁缝为我的特殊需求提供服务，获得了超出标准尺寸衣服制作的报酬，他是连带获益者。也许裁缝的供应链也获得了些许好处，就不再赘述。总之，大多定制的主要受益者，都是提出定制要求的最终用户。

关于定制的第二个常识是沟通方式。定制服务的过程一般都是定制要求提出者与生产者直接沟通，不经过其他环节。定制往往都是个性化的特殊要求,这种特殊要求如果通过第三方去转述,可能会产生信息传递的偏差;定制服务过程中,可能还需要供需双方的多频次沟通,了解细节,测试产品等。在这样的服务场景中,第三方的出现会大大影响沟通效率。

反观"反向定制",我们首先发现在这个"定制"中,主要受益者似乎并非最终用户,而是变成了平台。相信读者们都可以轻易地猜测出隐藏在商家销售额增长中的真正获益者是谁。平台默默地观察、记录和分析了消费者的长期消费数据和购物行为,"获得"了消费者的"需求",然后就自称具备了比每个消费者个体更了解自己的能力,于是开始向生产者(商家)发起"定制",以期将平台的数据分析成果变现。我们尚未弄清的是,不知这种定制的风险(商品卖不出去)由谁承担。

因为"定制"是发生在平台和生产者之间的,沟通过程也不需要最终用户的参与了,比消费者更了解自己的平台"代表"了最终用户,安排了所有的事项,把"轻松"还给了消费者。

其实,真正的定制有两种,一种是功能性的,另一种是艺术性(审美)的。功能是对使用中"痛点"的挖掘,艺术则是对审美需求的洞察;功能性是基于群体的,艺术性则是个体的。如果我们把消费理解为功能性的,那么铁匠的定制就必须回归;若是我们把消费理解为艺术性的,也许定制的方向就成了萨维尔街。

请问,你想要哪一种定制?

老 字 号

当你把目标放在业绩增长和市场份额增加的时候,其实你已经忘记了真正的长期支撑点。

【新闻线索】

"一块招牌,就是一段传奇。"中华老字号,有着独特的文化内涵,独有的品牌价值,关注度高,信任度强。

【管理评论】

什么是老字号?我觉得从专业角度来说,应该指的是长寿企业。长寿企业和老字号是皮和毛的关系,长寿企业是"皮",老字号是"毛",如果没有了长寿企业,也就没啥老字号了,皮之不存,毛将焉附?

根据2017年的一项统计数据,日本超过一百年的企业有25000家,超过两百年的企业接近4000家,超过三百年的企业接近2000家,超过五百年的企业接近150家,而且据说全世界最古老企业的前八名都是日本企业。

如何才能产生更多的长寿企业?我觉得有三个原因:一是企业内部规范的管理制度;二是良好的外部环境;第三个原因,也是我认为最重要的,是企业自己愿意活成长寿的。

我经常问很多企业家,当你说你的长期目标的时候,请问这个长期有多长？大部分的企业家的回答，可能是 5 年、10 年。但对于想真正成为长寿的企业而言，这个长期可能是 30 年、50 年、100 年，在这样的长期情况下，你的目标还会是业绩吗？我想不会，因为时间这么长，变化会很大，很难再去制定业绩了。那么，什么会成为 30 年、50 年的目标呢？我觉得一定会回到人才和团队的培养上。这才是真正关注核心竞争力的开始，这样的核心竞争力才能使得你的企业能运营到 30 年、50 年、100 年甚至更长。相反，当你认为你的长期是 5 年、10 年，当你把目标放在业绩增长和市场份额增加的时候，其实你已经忘记了真正的长期支撑点。

就这个意义而言，我希望有越来越多的"老字号"！

管 理 思 维

企业家学员与老师共同讨论管理和管理思维。

生:管理是什么?

师:管理是处理复杂问题,并将其转化为绩效。

生:管理思维又是什么?

师:管理思维是转化问题本身,把复杂问题通过等价的方式转化为简单问题的组合或叠加。

生:如何做到呢?

师:管理思维会把你带到一个新阶段或新视角,然后原来的问题会变成一个新的问题,而解决新的问题的效率远高于原来的问题。

生:如何形成问题的转化?

师:需要回归问题的本质,其实是对原有问题的重新认知。

生:对我们的能力有要求吗?

师:有,更强的认知水平!

(大道至简)

---

① "悟"篇所有书法配图,均由李洪峰教授创作,特此致谢。

创新的目的

当我们谈及"创新"的时候,都预设了一个条件,就是必须相信有未来。

因为有未来,所以需要持续改善,持续改善生活、持续改善社会、持续改善世界,而持续改善正是创新的目标。如果"持续改善"这件事未被制度化、不受到尊重的话,创新本身就会变成目的,顿时就会充满功利色彩,于是创新就变成了拿项目、开公司、融资、上市的工具。那么,不仅真正的创新会被扼杀,更不用奢谈持续创新了。

别用物质激励创新,用持续改善好了。因为我始终坚信,金钱不是最好的激励方式,目标才是!

(守正创新)

创业的收获

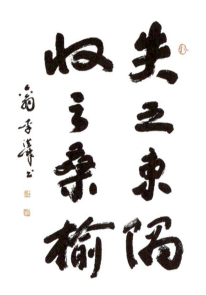

（失之东隅，收之桑榆）

生：创业成功率高吗？

师：低得可怕。

生：那失败了岂非一无所获？

师：还好会有一点收获：经历生死！

生：什么是经历生死？

师：人一生本来只经历一次生死，但创业失败一次，就可能让创业者经历一次组织的存亡。如果因此勘破了生死，那收获可能比成功还值得。

生：每个人都能勘破生死吗？

师：难啊！先要勘透成败，才能勘破生死！

生：那关键是什么呢？

师：为了财富创业的，胜少败多；创业过程中改变了认知的，反而"收之桑榆"啊！

长期目标

有企业家问：如何设定长期目标？

我反问：什么叫长期？

企业家看着我：5年？10年？……我始终摇头。

企业家忍不住问：到底多少年？

我说：多少年不重要，重要的是你必须假设你等不到，也许你不在岗位了，也许你不在人世了。

企业家问：那怎么定目标？

我答：目标很简单，一是事情的目标，是质量必须不断改善；二是团队的目标，是效率必须越来越高。

企业家问：那业绩呢？

我答：如果上述目标实现了，业绩就不用担心；如果只看着业绩，那么，"长期"这事就不用谈了。

（远瞩）

差 异 化

企业家学员对我说：我的企业的核心就是差异化。

我问：如何差异化呢？

学员说：我们就是要与众不同，我们不做与别人一样的企业。

我说：我从来没有见过一样的企业。除了一点：犯的错误都一样。

学员问：那怎么才能差异化呢？

我说：上来就想与众不同的，大多都失败了。差异化不是想出来的结果，而是做出来的结果，做得多了、做的时间长了，才有差异；然后去对这个差异不断思考，才可能将其变成优势。

学员：原来企业持续时间越长，就越可能差异化？

我说：其实，企业能好好活着，就是差异化！

（和而不同）

战略与做"眼"

企业家学员与老师探讨战略管理。

生：老师，如何更容易地理解战略管理？

师：就像下围棋。

生：是因为两者都需要提前谋划棋局吗？

师：不仅要谋划，更要实施。

生：怎么体现实施呢？

师：做"眼"。

生：为何要做眼？

师：战略，首先棋要"活"，活棋至少需要两只"眼"；其次棋要"厚"，围绕着"眼"的棋子越多，围的"空"越大，就能辐射到越远，为其他区域的"作战"和"抢占地盘"提供帮助。

（有限理性，次优选择）

生：所以战略的核心就是"眼"？

师：是的，首先是选好做"眼"的位置，定位；其次是把"眼"做成，把棋做"活"；最后是把棋走"厚"。

生：那组织的创新与战略的关系呢？

师：创新，就是要在空白处落子，下出"孤棋"，处理好"孤棋"。关键还是在于利用现有资源，培育新"眼"位啊！

生：看来道理都是相通的啊！

师：什么事做到最后，靠的都是"眼"力啊！

关于做"眼"

谈了战略管理和做"眼"的关系后,企业家学员和老师继续延伸讨论做"眼"。

生:在管理中,如何定义"眼"的概念?

师:"眼"的概念包含两层含义,对外是竞争力的显现,对内是资源的汇聚。

生:这两层之间有关系吗?

师:两者之间相辅相成,企业做"活"是基础,做"厚"是根本;"活"是外显,"厚"是内在。

生:"眼"位的确定有什么关键呢?

师:有三个。首先,要处理好关系。"眼"既是竞争的需要,又是竞争的结果。做"活"和做"厚"都是为了竞争,但别人不会等着你"活"或"厚",过程是有难度的。因此,既要处理和环境的关系,又要处理和竞争对手的关系。

(聚焦)

生:关系之外呢?

师:第二层,是处理好逻辑。"眼"不是一步走出来的,往往需要很多步,因此落子的逻辑次序很重要,次序决定了做"眼"的效率。很多时候,生存拼的就是效率。

生:最后一层呢?

师：最后，要建立关联。如果新下的棋子与已有的活棋建立了连接，那么新棋子就可以"无眼"而活，所以要减少孤棋。因此，最好的"跨界"生存，就是建立隐性连接，看上去是"跨"，其实是"连"。

生：您说了管理和下棋的关系，那么这两者之间有什么本质区别吗？

师：本质区别，就是棋盘有界，而现实无界；棋盘要分"输赢"，而现实要学会"共生"！

做"眼"与做"大"

围绕着企业发展和做"眼"的关系,企业家学员和老师继续延伸讨论。

生:老师,做"眼"是为了做"活",如果不急着做"眼",先做"大"可否?

师:做"大"看似快捷,其实欲速则不达。

生:做"大"了再做"眼",不行吗?

师:围棋的口诀是"金角、银边、草肚皮",落子强调先占角、再占边,中间最不靠谱。这样行棋的目的,就是要先"立于不败之地",这样做的原因,就是竞争激烈啊,而现在的市场竞争激烈程度,同样是愈演愈烈啊。

生:那么,做"大"为何不利于竞争呢?

师:不做"眼"而做"大",一旦"大"了,缺陷处就会更加明显,竞争者就可以很容易地针对缺陷展开进攻。这是其一。

生:其二是什么?

师:遭到攻击就需要作战。下棋是一个人,自己知道缺陷在哪里,即

(适者千里,三月聚粮)

使遭到攻击,应对还能够稍有章法;而企业是很多人,大家对缺陷的认知也不一致,一旦作战,企业就容易出现更大问题。

生:还有吗?

师:最后,企业的发展和人类社会的发展相似,很多时候"进步"和"增长"不是最大的压力,相反"退步"和"下滑"才是最大的挑战。"眼"作为根据地,就是"退步"和"下滑"的安全支撑啊!

开店和创业

学生和我一起讨论创业。

生：创业前最需要做好的准备是什么？

师：搞清楚自己到底是创业还是开店。

生：有什么区别吗？

师：开店只是一种雇佣方式。自己开店和在企业做雇员，工作内容和性质没有不同，区别只是"自雇"还是"他雇"，简单而言，就是工资是自己发还是别人发。

生：那创业做什么？

师：创业做的是验证！

生：验证什么？

师：验证两样东西：一是机会判断，二是路径判断。

生：什么是机会判断？

师：你发现了一个商机，但你又无法把这个发现直接卖给别人"变现"，于是只好选择自己去验证这个发现。

生：什么又是路径判断呢？

师：发现了商机，其实是发现了一种未被满足的需求。要想满足这一需求，需要设计路径。

生：路径包含什么呢？

师：满足需求必须提供产品、构建商业模式，一般要通过建立一个企业来完成。

生：有了企业就可以了吗？

师：建立了企业，就需要组织人员、协同配合等。

生：这样就可以了吗？

师：别忘了还有竞争。即使完成了路径的初始设计，还要不断优化。

生：原来创业这么复杂！

师：还有更本质的目的区别。

生：目的还有不同！开店的目的是什么？

师：开店是自雇，自雇的目的大多是多挣点钱。

生：创业不是为了挣钱吗？

师：赔钱的判断没人会去验证。所以你若验证了商机和路径这两个判断，当然一定伴随着财富。但必须明白，验证本身和人的成长才是真正的财富，金钱只是附带的奖赏。若是时时刻刻总想着金钱，无论你如何包装，终究不过就是"开店"。

（合抱之木，生于毫末；九层之台，起于累土。千里之行，始于足下。）

品　　牌

企业家学员与老师一起讨论品牌。

生：什么是品牌？

师：品牌是你对客户传递的一种承诺。

生：这个承诺是怎么形成的？

师：在你对外界发布的一切信息里，包括广告、宣传、新闻等，这里面包含了你的态度，你的标准，你的价值观。

生：客户如何接受这个承诺呢？

师：通过三个层面。

生：第一个是什么？

（大象无形）

师：信用层面，即用你的产品和行为去检验你的承诺。

生：第二个呢？

师：标准层面，当客户对你建立了信任，客户就有可能用你的标准去筛选来自不同企业的承诺。

生：第三个呢？

师：价值观层面，当客户习惯了把你的标准当作筛选工具，他就彻底接受了你的价值观。不仅你的品牌成了他的首选，他还会在不知不觉中帮你传播价值观。

关于销售

生：销售的目的就是形成客户的购买吗？

师：购买不是终点。

生：购买后还有什么？

师：购买后要形成感受！

生：那么，销售的目的是客户的满意？

师：满意也不是终点。

生：满意后还有什么？

师：满意后还要传播！

生：那么，销售的目的是形成客户的口碑传播？

师：传播还不是终点。

生：传播后还有什么？

师：传播后还要形成新客户！

生：原来，销售的目的是持续产生新客户？

师：错！是上面的全过程！而老客户是核心！脱离了老客户来谈新客户，就像拿一个漏桶接水，白忙！

（仁者无敌）

真正的低价

企业家学员遇到了激烈的价格竞争，带着困惑与老师交流。

生：客户非常在意购买成本吗？

师：当然在意。

生：那么，价格竞争不可避免了？

师：不一定，看你如何看待购买成本。

生：购买成本还有区别吗？

师：一是买东西的直接成本；二是为了买东西而产生的间接成本。

生：哪些是间接成本呢？

师：因为产品专业性带来的学习成本；卖家太多带来的比较和选择成本；持续购买却每次仍要付出的重复判断成本。

（知无用）

生：这么复杂的间接成本，可以降低吗？

师：很简单，需要客户对你的信任。有了信任，这些成本就可以完全解除。

生：电子商务有助于间接成本的降低吗？

师：恰恰相反，信息量越大、信息越复杂，间接成本越高。

生：原来，信息越发达，间接成本带来的降价空间越大啊？

师：产品降价只是切入，真正能带来低价的，靠的是诚信啊！信息越发达，产品的直接成本越透明；而间接成本就变成了竞争的主战场。

关键客户

生：师傅，对待客户最容易犯什么错误？

师：弄错了关键客户。

生：为什么会弄错呢？

师：因为只用购买数量区分客户。

生：难道买得最多的不是关键客户吗？

师：很多时候都不是。

生：那应该如何区分？

师：客户分两种：一种是想占你便宜的，这种一般很多；另一种是你想给便宜的，这种一般较少。

生：确实有的客户更看重品质，不太关注价格。

师：想占便宜的，为利而来，利终人散；你想给便宜的，反而不为利动，更加忠诚。

生：为不同的客户，该如何使用资源？

师：资源的使用，不是为了引诱客户改变原则，而是为了奖励客户坚守原则。

（一叶知秋）

营销点

企业家学员与老师一起讨论企业营销的发展。

生：与以前相比，营销最大的变化是什么？

师：企业的营销点从"功能"变成了支撑功能的"技术"。

生：这一变化有意义吗？

师："技术"作为营销点，是一种供给视角，还需要继续变化。如果总是停留在这一点上，对企业发展的意义不大。

生：向什么方向变化呢？

师：使命。

生：营销"使命"与营销"技术"区别是什么？

师：使命，是一种需求视角的回归，但格局远远超过了"功能"，是对满足更大范畴需求的一种态度。使命，更是开发和利用技术的动机，可以实现与客户在价值观层面的对话。

生：这些东西和产品是什么关系呢？

师：产品，就是使命通过技术所呈现的功能集合。

（放飞梦想）

卖　　点

学生们对我开设的"管理思维创新"课程很有兴趣,咨询了他们的师兄师姐们之后,又跑来找我,希望更深入地了解课程。

生:老师,能不能用最简单的话,说明一下您的课程特色?

师:课程特色就是大家会经常在课堂上展开讨论。

生:为什么平常不说话的同学在您的课上都喜欢讨论?

师:我问对了问题。

生:问了什么问题?

师:我问两种问题。

生:第一种是什么?

师:第一种跟思维相关,叫开放问题。

生:开放问题和思维有什么关系?

师:开放问题往往不止一个答案,可以促进分散思维;相对应的是唯一答案的问题,会强化聚合思维。

生:分散思维比聚合思维更好吗?

(点石成金)

师：没有更好更坏之分，但聚合思维有时候会约束思维，所以需要均衡。精确性领域适合聚合思维，创造性领域则更适合分散思维。或者说，已经习惯于聚合思维的，应该多练习分散思维；反之亦然。

生：老师的第二种问题是什么？

师：第二种问题跟管理相关，是排序问题。

生：排序与管理有什么关系？

师：管理面对的都是选择，所以管理工作需要具备的核心基础能力就是排序。

生：排序对管理工作影响大吗？

师：很大！一项管理工作的起点，往往来自管理者的排序结果；这项管理工作的结果，又取决于员工对管理者排序结果的认同程度。

生：课堂还能促进创新吗？

师：创新来自冲突。

生：会有冲突吗？

师：开放问题的答案差异、排序结果的差异、理由的差异，全是冲突啊！

生：我明白了，这么多的冲突，确实能让大家更容易参与讨论。

师：你说得对！

生：最后一个问题，这个课程的最终目的是帮我们看清对错吗？

师：不！是为了看淡对错！

对手是谁？

生：跟随企业能变成领军企业吗？

师：需要视角的飞跃。

生：跟随企业是什么视角？

师：是竞争视角。

生：竞争视角看什么呢？

师：竞争的目的是打败对手，所以主要看对手的缺点，因为针对对手缺点发力，是最快打败对手的方法。

生：领军企业有什么区别吗？

师：必须具备超越视角。

生：超越视角看什么呢？

师：超越指的是自我超越，所以主要看自己的缺点，只有针对自己的缺点发力，才能不断提升自己。

生：打败对手不也是提升自己吗？

师：针对别人缺点的改进，固然也可能会提升自己，但针对自身缺点改进所带来的提升效率更高。

生：那么，视角转变过程困难吗？

师：难啊！转变本身，就是一种自我超越啊！

（朝乾夕惕）

客户满意

（创意无限）

生：客户服务的目的是什么？

师：让客户满意！

生：为什么很多企业将客户服务外包呢？

师：他们希望将"让客户满意"的成本降到最低！

生：有效果吗？

师：成本确实降低了，不过服务质量和满意度却降得更多。

生：两者可以得兼吗？

师：那要看你希望客户满意什么？

生：满意类型还有不同吗？

师：一是满意你的产品或服务本身，这是客户无意识的满意；二是满意产品或服务背后的理念，这是客户有意识的满意。

生：不同类型的成本会有区别吗？

师：无意识的满意，满足成本会随着客户品位的提高不断攀升；有意识的满意，满足成本会随着客户认同度的提高不断下降。

生：不同的类型，对于提供服务的企业会有什么影响吗？

师：无意识的满意，会让企业越来越习惯于迎合；有意识的满意，会让企业越来越自信。

生：如何才能做到有意识的满意呢？

师：别把无意识的满意当作终点，让产品和服务当作企业价值观的载体，成为引导有意识满意的过程，就行了！

客户：上帝还是家人？

一位餐饮业企业家介绍完自己餐厅和企业文化后，一位听众说道："我已经忍不住想去品尝了！"

老师马上追问："如果味道不如你想象，你会怎么样？"

听众说："那我也喜欢！"

（花开见佛）

围绕着这番对话，企业家学员和老师展开了交流。

生：什么是最好的营销效果？

师：让客户的感性和理性同时到场。

生：如何理解？

师：感性到场，指对你的产品充满渴望；理性到场，指的是客户在消费产品后，不会因为没有达到预期而马上离你而去。

生：这是否意味着，你在营销中推荐了一种美味的食品，客户品尝后即使没觉得那么好吃，也不会过分在意，甚至愿意继续购买？

师：是的。

生：这不是一个矛盾吗？如何才能做到？

师：只有当客户对于一个产品内在价值的认可程度超过了其外在价值时，才能够实现。

生：什么是内在价值？

师：就是产品所代表的价值观。比如你接受了一双鞋所代表的时尚，你可能就不太在意它挤脚。

生：确实存在这样的现象。

师：那是因为每个产品都有不同的消费点，有的人消费它的内涵，有的人消费它的性能。当我们说客户"黏性"时，其实想表达的，大多时候是内涵。

生：也就是说，没有客户黏性，很可能是产品缺乏内涵？

师：没有内涵的风险就在于：外在价值越高，客户胃口就越吊越高。最后的结果，不是被迫欺骗客户，就是客户失望而去。哪里还能产生黏性呢。

生：产品有了内涵会带来什么？

师：外在价值，会不断提高客户预期，客户就成了"上帝"，不断对你提高要求；而内在价值，能不断提升客户的包容，客户就成了"家人"，既希望你不断进步，又能包容你的一时不足。

生：营销如何产生不同客户呢？

师：到达感官，只是"上帝"；抵达内心，才是"家人"。

关于产品设计

一位企业家学员和我聊起关于产品设计的话题。

生：什么是好的产品？

师：好的产品都要提前感知客户。

生：感知客户有区别吗？

师：有两种，预见和洞察。这两者也是任何好产品的设计前提。

生：预见的是什么？

师：预见的是价值，设计前提是产品功能的创新。

生：那洞察呢？

师：洞察的是意义，设计前提则是产品意义的创新。

生：价值和意义对客户而言，有何不同？

师：价值往往都是客户有意识的目的，都是他们自己明确想要的东西。

生：意义呢？

师：意义则有很大不同，意义往往是客户无意识的默会性前设，是客

（霞思天想）

户早已习以为常的、认为不证自明的东西,犹如空气之于人、水之于鱼。这些因素,客户往往意识不到其重要性,一旦改变就是颠覆性的。

生:预见和洞见有何区别?

师:预见带来的,只是之前产品意义的强化;而洞见带来的,则是之前产品意义的颠覆。

生:真正好的产品都有洞见吗?

师:是的,但有的产品只是恰好暗合了洞见,设计者自己可能都没意识到呢。

生:能举个例子吗?

师:不可说、不可说……

关于专业

企业家学员围绕对专业的困惑,与老师开始了讨论。

生:老师,到底什么是专业?似乎有很多的理解。

师:理解不同是因为认知层面的差异。

生:如何从不同层面理解呢?

师:可以以"专业"一词的反义词来区分。

生:"专业"反义词还有不同吗?

师:至少存在五个。

生:第一个是什么?

师:第一个反义词是"业余"。

生:专业和业余的区别是什么?

师:是否按照规则和流程做事,专业的稳定性更高,不犯低级错误。这一级别的专业叫工程师。

生:第二个反义词是什么?

师:第二个反义词是"低劣"。

生:专业和低劣的区别是什么?

师:是质量标准的差异,以及对于高标准的追求不同。这一级别的专业叫匠人。

生:第三个反义词是什么?

师：第三个反义词是"片面"。

生：专业和片面的区别是什么？

师：是系统性的差异，专业意味着对领域知识的了解更为全面、更加系统。这一级别的专业叫专家。

生：第四个反义词是什么？

师：第四个反义词是"封闭"。

生：专业和封闭的区别是什么？

师：专业意味着跳出了单一领域，能够看清领域之间的关系，可以把这个领域学习和总结的知识，应用到其他领域。这一级别的专业叫大师。

生：第五个反义词是什么？

师：第五个反义词是"丑"。

生：专业和丑的区别是什么？

师：专业意味着回归简单，回归常识，为人类找到了"美"。

生：能不能举个例子说明呢？

师：苹果掉下砸到了牛顿，牛顿意识到普遍现象不普通，这是不业余；把现象归纳成万有引力定律，这是追求高标准；基于定律，开创经典力学体系，这是系统思维；把研究的方法应用到其他领域，这是开放、不封闭；通过研究发现了世界运行的规律，让人类开始真正认识世界，增强了改变自然的自信，这是美的贡献。

（匠心独运）

专业的层次

一直以来,学生们学习的目的,就是希望成为专业人士,然而,对于什么是专业,大家却越来越困惑。

生:老师,什么是专业?

师:专业至少有三个层次。

生:第一层是什么?

师:第一层是对所从事领域的贡献。

生:如何评价这一层次呢?

师:你得到了同行,尤其是最高水平同行的认可和尊重。

生:第二层是什么呢?

师:第二层是对公众常识的贡献。

生:如何评价呢?

师:你用最简单、最通俗的表达,让公众明白了所从事领域中最专业的知识和道理。

(巧夺天工)

生：第三层是什么？

师：第三层是对自然和社会运行秩序的贡献。

生：这该如何评价呢？

师：其他领域的顶级专家从你的研究中，获得了对于自然和社会的新的认知。

企 业 文 化

生：打造企业文化，要做什么事呢？

师：做什么事情都可以。

生：不要做一些特别的事情吗？

师：企业文化和事情没关系。

生：那和什么有关？

师：和做事情的动机有关，和做事情的影响有关。

生：和动机的关系是什么？

师：做的事情不同，事情的结果可能不同。不同的出发点和目标设置，决定了不同的文化。

生：和影响又有什么关系呢？

师：事情发生后，事情本身可能很快被遗忘，但事情的影响还在，这种影响，会一件一件地沉淀和累积。不管好坏，不管你承认不承认、喜欢不喜欢，它们就在那里，持续影响着组织成员的精神状态和做事态度，这就是企业文化。

（厚德载物）

标准与成本

企业家学员拿着自己制定的企业标准，去找老师讨论。

生：高标准都会拉高成本吗？

师：要看标准在哪里。

生：有区别吗？

师：标准在纸上，想要实现就需要高成本；标准在员工心里，就会降低成本。

生：为什么呢？

师：标准在纸上，想实现就要监督，标准越高，监督成本越高；标准在心里，就会彼此激励，标准越高，干劲越足，交易成本越低。

生：为何交易成本变低？

师：高标准的人一旦形成团队，就会英雄相惜，彼此珍惜，彼此成全。既出活，又不散。

生：有这样的员工，老板真幸福！

师：未必，前者是老板要求员工；后者角色倒置，就成了员工要求老板了。

生：老板该怎么做呢？

师：先把高标准植入自己心中吧！

非遗和标准

企业家学员希望拯救非物质文化遗产物品,将其打造为文化商品,围绕着这个话题与老师展开谈话。

生:我希望邀请非遗传人,通过培养更多工匠、投资生产线的方式,增大非遗产品的产能。这样既可以让更多消费者消费非遗产品,同时也实现了非遗的保护和延续。

师:非遗是什么?

生(诧异):非物质文化遗产就是与人们生活密切相关、世代相承的传统文化的表现形式,非遗产品就是这一文化的载体啊!难道老师不知道吗?

师:非遗的定义确实如你所言。但你说的非遗产品,在我看来,其实是一种标准。

生:什么样的标准呢?

师:这是一套生产过程的标准,以今天的很多产品来衡量,这是一个

(阳春白雪)

很高的标准,甚至已经曲高和寡。因为"和寡",也就成了非遗。

生:我不觉得"和寡"啊?其实很多人都想拥有,所以我想扩大产能,满足需求呢。

师:其实,产品的"和寡",取决于标准的"和寡"啊!

生:请老师解读。

师:消费者确实想拥有高质量产品,可是其不具备辨别标准高低的能力。当质量高的东西和质量低的东西摆在一起,价格悬殊。尽管消费者也愿意为高质量出高价,但他们无法分辨质量好坏和产品真假,你说他们该如何选择呢?

生:可能大多数人只好无奈地依据价格"选低却高"。

师:是的,但这实际上就造成了"买劣弃真"。于是,"李鬼"遍布市场,李逵就成了"非遗"!

生:那么,看来是需要制定更多的标准?

师:其实是要把标准和底线区分清楚,因为太多人都把标准当成了底线。解决不好这个问题,我们可能不是在保护非遗,而是在制造越来越多的"非遗"。

关于激励

这两天与好几个企业家学员见面，恰巧都谈到了同一个话题，就是组织的激励。他们来自不同类型的组织，有的是企业，有的是班级，有的是小型俱乐部。有人正为组织的摩擦和高成本运行烦恼，也有人为组织的良好运行状态感到欣喜，而烦恼或欣喜的原因，都是激励。

大到一个国家的管理，或是一个小团体的运作，甚至小到一场聚会的召集，都存在着管理者。其实，不仅很多管理者正被激励问题困扰，即使是管理者自身，也存在着激励问题。

他们把问题抛给我，希望我给出一点建议。

这个问题不是刚刚出现的问题，而是伴随着人类发展史和管理发展史始终存在的问题。因此，我想从管理发展史给各位一个思路：发现并引导人类那些与生俱来的天性，成为永不枯竭的激励来源，才是任何组织不断激励创新的源泉。

有人追问方法。方法是：不要去寻找特定的解决方案，而是通过放大或突出人们对组织方向和个体方向的系统认知，使新的想法和做法自

（民以食为天）

然产生。

生：员工激励有几种方式？

师：两种。一种是让员工以"工资"为荣，另一种是让员工以"工作"为荣。

生：两者之间有区别吗？

师：当然。以"工作"为荣的员工，往往不太在乎工资；而以"工资"为荣的员工，往往不太关心工作。

生：做到让员工以"工作"为荣，难吗？

师：不难，做到以下几点就行了：不要让他们承担不该承担的责任；不要让他们受到不该受到的惩罚；让他们更多得到伙伴的帮助；让他们更多得到客户的赞美。

别 "装"

很多企业家对一个问题很困惑：每个领导在组织中都非常强调员工的团队意识和责任意识，但这些意识似乎都很难培养出来。

（返璞归真）

生：老师，培养人最难之处在于什么？

师：不装！

生：为什么？

师：无论是孩子还是员工，都非常聪明，他们会很轻易地透过你说的话，洞穿你的动机。

生：可是我的动机就是为他们好啊？

师：洞穿之后，他们并不判断动机的好坏，而是判断你！

生：判断我？

师：他们会看看，你让他们这样做，你自己做得怎么样！

生：那么，他们还会关注我平常的行为？

师：人有两种行为：意识行为和无意识行为，无意识行为占绝大比例。说话一定属于意识行为。

生：看来别人会察觉到我的无意识行为。

师：很对，别人从你无意识行为中接收的信息，远超过意识行为所传达的信息。因此，所谓的不装，不是说话的当下没"装"，而是一直就不"装"。

量 化 管 理

生：量化管理中，量化得越极致越好吗？

师：先要明白量化管理的边界。

生：边界在哪里？

师：在"事"，指标越量化，事情理论上会做得更好。前提是你确实把量化的结果，用在了事情流程的改进上。

（妙然天成）

生：企业把事情做好，不就成功了吗？

师：把事情做好这件事，有两种方式：一是流程的改进，叫优化；二是系统的改进，叫创新。

生：两者有什么区别吗？

师：关键点不同，前者的关键是对"事"的分析；后者的关键则在于做事的"人"！

生：量化管理会影响到"人"吗？

师：量化管理会把"人"约束在"事"上，但创新却需要把人解放出来，"事"要因"人"而异！

生：管理的目的原来是"人"？

师：任何组织，其永恒主题都是成长。组织的成长，归根到底就是人的成长啊！

西安奔驰事件探究

2019年西安"哭诉维权"事件引起人们的极大关注。企业家学员与老师就此问题展开了对话。

生：据说西安奔驰4S店已经同意退车。女当事人最终成功地拿回了车款。老师有什么评价？

师：我最奇怪的就是，这样的事为什么会经常发生？

生：此话怎讲？

师：到底是什么原因，导致这种伤害消费者的类似事件经常在不同领域、不同行业出现，尤其是发生在奔驰这样的品牌身上。

生：老师为什么会对此奇怪呢？

师：因为这样的事，对于商家而言，非常不合算，可以说是得不偿失。

生：老师的意思是对品牌的伤害吗？

师：是的，其实当一个消费者决定付几十万元购买奔驰车，奔驰公司为了消费者的这个决定，其实花费了巨大成本，建渠道、做广告、树品牌，全是为了消费者决策时那一刹那的影响。而此次事件，毫无疑问会对品牌带来巨大伤害。

生：老师认为这一事件的发生，到底是因为什么呢？

师：这样伤害消费者的事，消费者肯定不愿意发生，相信奔驰公司也不愿意发生。那么，导致这一事件发生的，其实就在具体处理事件的人员身上了。

生：老师的意思，认为是员工的问题？

师：看上去是员工的问题，其实可能仍然是系统的原因。很多时候，员工处理问题方式的选择，往往决定了这一事件的最终走向。但员工选择的背后，一定存在着某种原因，这才是管理改进的方向。

生：那么为什么员工会这样处理呢？

师：我觉得只有两种可能。

生：第一种是什么？

师：第一种是与企业无关，完全是员工个体素质的问题，如果是这个原因，我觉得就要在我们的教育体系上找原因了。

生：第二种呢？

师：第二种我认为可能性更大，或是企业的价值观定位出了问题，或是企业的绩效考核体系出了问题，或是两者都出了问题。

生：价值观定位出问题比较容易理解，绩效考核的问题如何理解？

师：即使组织价值观没问题，但如果绩效考核体系有问题，那么在错误的考核指挥棒下，员工的行为同样会偏离企业的定位。

成 就 谁

企业家学员和老师一起讨论运动。

生：我觉得运动非常锻炼管理者。

师：为什么呢？

生：运动让我不断增强目标导向。每次运动我都立下目标，然后不断努力；达成目标后，再树立下一个目标，再继续努力。

师：这只是管理者训练的低级阶段。

生：还有什么阶段？

师：你刚才说的是个人运动。管理者更需要集体运动的方式，这才是高级阶段。

生：有什么区别吗？

师：个人的运动，目标是成就自己，因为不断成就自己，所以自己才能坚持；集体的运动，目标是成就他人，因为成就他人，所以团队才能延续。

（超越）

生：为什么成就他人对管理更重要呢？

师：比如参加接力赛，如果是为了赢得即刻的胜利，你会尽携高手出战；可若是为了将来的胜利，你可能要带上有潜力的新手。选高手是成就自己，选新手才是成就他人。通过不断成就新手，换来了他们的进步和对组织的归属感，然后才有企业的不断延续和发展。

成　　长

企业家学员与老师一起讨论员工成长。

生：更多地锻炼和经历，是不是能让员工更快成长？

师：得到的不一定是成长。

生：会得到什么？

师：快乐的经历，得到的可能是满足；痛苦的锻炼，得到的可能是抱怨。

生：如何才能成长？

师：完成"五到"

生：哪"五到"？

师：通过经历，发现问题，"知道"了自己的不足；分析问题，"找到"了不足的原因；收集资料，"学到"了改进的理论；结合自身，展开思考，"悟到"了自己提升的差异化路径；不断坚持努力，最终"做到"了自我提高。

（百年树人）

生：这样看来，成长不是一件易事啊！

师：其实还有"一到"，更加困难。

生：更困难的是什么呢？

师：布道！不仅要自己改变，还要改变别人！

生：原来是"六到"！

求同存异

学生和老师一起讨论团队。

生:老师,我觉得一个团队,成员必须求同存异。

师:为何要"求同存异"?

生:因为要保持合作。

师:同和异是同一类东西吗?

生:嗯……应该不是吧?

师:其实就两类:结果和过程,也可以称为目标和方法。

生:两类的组合就四种:目标和方法都相同;目标和方法都不同;目标相同、方法不同;目标不同、方法相同。

师:求同存异的意思,是同和异均需存在吧?

生:那就只剩两种了:目标同、方法异;目标异、方法同。

师:你选哪一种?

生:肯定第一种啊,团队目标一致,路径可以差异啊。老师的选择呢?

(求同存异)

师：我的选择正相反。目标可以不同，方法必须一致。

生：目标不一样，团队还在吗？

师：目标没有了，团队就没有了，目标重要；目标没有了，团队还在，团队就更重要。你选目标还是团队？

生：肯定选团队。

师：目标都可以没有，还能用什么支撑团队呢？

生：那就只能靠方法一致了。

师：准确地说，是选择方法的排序一致。很多时候，殊途未必同归啊。

价值观规则

学员和老师一起讨论企业的制度。

生：老师，制度是企业的规则吗？

师：制度属于规则，但企业的规则不仅限于制度。

生：那制度是企业最重要的规则吗？

师：如何界定你所谓的最重要规则？

生：就是代表了企业价值观的规则。

师：按这个标准，制度肯定不是。

生：那什么规则能代表企业价值观呢？

师：可能制度的例外处理，更能体现企业价值观。

生：什么是制度的例外处理呢？

师：举个例子，制度规定员工不能迟到，但有员工因某种原因迟到了。对于哪些原因可以例外处理，这也是一种规则，而这个规则往往更体现企业的价值观。

生：看来价值观往往都在企业制度之外？

生：是的，突发事件才是对企业价值观的"拷问"！

（实事求是）

躺平和目标

一位企业家学员和老师讨论企业员工的状态。

生：老师，很多员工选择躺平，该怎么办？

师：为何会躺平？

生：我觉得是目标太高导致的，大家疲于竞争，不断内耗，精疲力竭，最后也无法实现目标。

师：是开始就定高了吗？

生：嗯……其实不是，是迫于竞争，别人高了，自己也不得不提高。

师：其实是目标的定义被改变了，目标被定义成了及格线，当然及格线本身也是一种较低类型的目标。本来目标是可以达不成的，但及格线往往必须达成，否则成了不及格。

生：确实如此。

师：更重要的，目标和及格线的定义主体不同。

生：主体有何区别？

师：及格线往往是别人定的，是所有人都能够接受的。但目标应该是每个个体自行确定的，是个性化的。

（难得糊涂）

生：这会产生什么结果呢？

师：就有了自己选择和被迫接受的两种目标。

生：目标不同有何影响？

师：影响行为和情绪。自己选择的目标，努力就是乐趣；被迫接受的目标，努力就成了痛苦。痛苦不断加剧，"放弃"就是迟早的结果了。

生：躺平就是放弃的表现了。那该如何改变呢？

师：可能要允许个体自行设置目标。

生：如果个体迟迟不设置呢？

师：也许只能等着。

生：等什么呢？

师：等着……教育改变习惯。

值得尊敬

一位企业家告诉我他创办的公司的目标：要成为世界上最厉害的、最受尊敬的公司。

我说你也听听我的目标："我想成为世界上最厉害的、最受尊敬的老师。"说完我笑着问他听了有什么感觉。

他说："我觉得挺好的。"停了一下不安地补充了一句，"不过似乎有一点点自大和肤浅"。

"现在你明白你的目标给我的感受了吧。"我笑着解释，"一个真正健康的目标，必须回答两个问题：一是别人为什么尊敬你，另一个是你的动机。"

真正值得尊敬的公司，财务一定是健康和充裕的，但绝不是财务健康和充裕就一定值得尊敬。真正值得尊敬的，或是你塑造的文化，或是你给这个世界带来的变化，还有你始终不变的追求。

（开张天岸马，奇异人中龙）

融资和筛选

一位创业者与投资人谈判失败后,来找我聊天。

创(创业者,下同):老师,谈判为什么会失败呢?

师:融资谈判失败的原因就两个:要么就是投资人不认同你的估值模型;要么就是你不接受投资人的对赌条款。

(择选)
(选择)

创:那么我应该让步吗?

师:这取决于你如何看待融资。

创:请您详细说明。

师:如果你认为融资是一个交易,你当然可以选择让步,以达成交易;如果你认为融资是一种筛选的方式,那就要慎重考虑让步。

创:筛选?筛选什么?

师:筛选与你有共识、愿意陪伴你成长的投资伙伴。

创:为什么要筛选?

师:人生像一场远程,但人生的意义,不是为了到达,而是为了成长。找对了同行人,无论到达与否,成长都是可以获得的。

创:那创业到底有什么意义呢?

师:创业,无非在人生的某一阶段,你想选择一条与众不同的路线罢了。创业的最大意义,是你尝试、检验并优化了一个标准,并用这个标准建立了筛选模型。而这个筛选模型,影响了你未来的人生。

谁喜欢聪明创业者？

学生们热烈地讨论完一个"挂羊头卖狗肉""羊毛出在狗身上，猪来买单"的互联网行业创业案例，都特别兴奋，带着满脸仰慕问我："老师，我们哪一天能成为这样的人？"

师：大家为何觉得他厉害？

生：创业者多聪明啊！

师：你喜欢聪明的创业者？

生：谁不喜欢聪明的！

师：这一刻你是谁？

生：我是谁？什么意思？

师：这一刻，你有可能是两种角色：一是观众；二是投资人。

生：为什么？

师：因为这两种人都容易喜欢聪明的创业者。

生：即使这样，喜欢聪明有什么问题吗？

师：被这两种人喜欢的创业者价值不高。

生：那需要被谁喜欢？还有什么角色？

师：还有一个角色叫消费者，也被称为客户。

生：消费者不喜欢聪明创业者？

师：如果你是一个消费者，你喜欢和既自认比你聪明又实际比你聪明的老板打交道吗?

生(迟疑):不好说……

师:如果消费者不一定喜欢,只有观众喜欢或投资人喜欢,会产生什么结果?

生:恐怕……死得更快!

(见贤思齐)

连锁和复制

企业家学员在与一位成功的餐饮连锁企业家深度交流后,与老师展开了讨论。

生:老师,一个餐饮企业走向连锁的那个拐点是什么?

师:很多人认为是复制能力。

生:老师的观点呢?

师:复制能力只是表面,本质是授权和控制的平衡到达了一定的高度。

生:这个本质不太容易理解,请老师解释一下。

师:你放过风筝吗?如何才能让风筝飞得更高?

生:风筝做得结实,风筝线要长?

师:其实有三点。其一是观察合适的风势,外部环境是基础。

生:其二呢?

师:风筝到达哪个高度,它必须足够结实,不仅能够抵挡那个高度的风,不被毁坏;同时还要能够在凌乱的风中自己腾挪,保持最佳姿态。

生:那最后一点呢?

(集思顿释)

师：最后就是风筝线了，这是唯一能够控制的方式，而且要注意：飞得越高，越难控制。

生：有什么好办法吗？

师：也许可以试着改变线的材质。

生：有什么样的选择？

师：其实就两种：用利为之，用心为之。

生：这两种有什么区别？

师：利所不能及之处，心，或许可以抵达。

生：似乎您说的，不只是连锁企业的复制。

师：你终于明白了，其实"复制"这事，哪一家企业可以或缺呢？

责任与边界

企业家学员与老师一起探讨责任。

生:管理中如何定义责任?

师:就是为"责任"规定出清晰的高低边界,高点叫期望,低点叫标准,或者叫底线。

生:管理做什么呢?

师:一是帮助员工不要低于标准,二是激励员工达成期望。达到标准,可以强制要求;而达成期望,则需要员工的自我鼓励。

生:管理中容易犯什么错误呢?

师:错误的发生都会有个过程。先是期望过高,希望个个都是圣人,结果所有人没了动力,只满足于底线,时间长了,期望本身都成了笑话;因为没了高点,原来的底线就慢慢被当成了期望,于是更低的新底线出现了。就这样,底线越来越低。

生:这个原则只适用企业吗?

师:企业、行业、国家,全都如此啊!

(不忘初心,坚守底线)

现在和未来

企业家学员围绕着高层管理者与中层管理者的困惑,与老师开始了讨论。

生:高层管理者和中层管理者最大的区别是什么?

师:看待事情的时间维度。

生:区别是什么呢?

师:同一件事,中层管理者会不自觉地认为"现在"比"未来"重要;而高层管理者则认为"现在"和"未来"同样重要。

生:这种差异会在做事情上体现吗?

师:中层管理者更看重事情的结果,因为结果与"现在"有关,所以他们整合资源去追求好的结果;高层管理者则更关注事情的过程,因为过程与能力有关,而能力决定着"未来",所以他们倾向于不断提升能力。

生:那么,中层管理者和高层管理者在制定目标和计划的时候,需要怎么做呢?

师:针对"现在"和可预见"未来"的目标,一般是做"事",计划是围绕着"事"的;而针对真正"未来"的目标,往往是培养"人",计划当然就必须围绕"人"的成长了。

(正大气象)

责任还是交易

这个世界的不确定性越来越高,意味着对于任何一个组织或团队而言,面临事故的可能性也越来越高了。学员们开始思考应对之策。

生:对于一个团队来说,最重要的是什么?

师:一定是责任。

生:责任到底是什么?

师:责任就是心里想着你。心中有你,责任就在;心中无你,与我何干?

生:如何才能让他想着你呢?

师:很简单,你先要想着他!

生:责任的作用是什么?

师:责任是一个可转换的放大器。

生:转换什么?如何放大?

师:团队成员有责任意识的时候,它就是个保护的放大器,会把小保护变成大保护,减少问题的出现,更能避免问题变得严重;没有责任意识的时候,它就成了问题的放大器,小问题就会变成大问题,甚至演化为灾难。

生:如果缺乏责任,团队还能存在吗?

师:可以,不过存在的基础会改变。

生:基础会变成什么呢?

师：变成了交易。

生：责任和交易有什么区别呢？

师：区别在于排序，即整体、他人和自己这些不同因素的排序。

生：有什么不同？

师：责任意味着整体的排序在个体之前，队友的排序也在自己之前，因此就会自己主动补位；交易则意味着自己排到了所有因素的最前面，于是总在等待别人支援。

生：怎么才能知道有没有责任呢？

师：唉！往往知道的时候就晚了，因为总是在问题演化成灾难的时候，我们才能意识到这一点。

朋友圈灵魂三问

师生散步,对话间忽有感悟,于是发了一个朋友圈。没想到在朋友圈里,遭遇了"灵魂三问"。

生:老师,什么是人生最大的成功?

师:人生最大的成功,就是把"成功"这两个字从你的字典里彻底剔除了。

没想到发出后,就有人追问:为什么要把"成功"删除?

师解释:删除的不是"成功",删除的是"他评",不要活在别人的评价里,因为个体世界只有唯一评价:自我认知的人生意义。

有好事者追问:那么,什么是人生最大的失败呢?

(花开自美,评说由人)

师答:人生最大的失败,就是你把失败始终当成了失败。

又有好事者追问:什么又是人生最大的幸福呢?

师答:人生最大的幸福,就是刚刚扛过了你的人生至暗时刻。

格 局

企业家学员和老师一起探讨企业的发展。

生：老师，如何判断一个企业？

师：判断的目的是什么呢？

生：看看能否赚钱。

师：一个月不赚钱还是一年不赚钱？

生：赚钱与否确实存在偶然性，那应该是能否成为百年老店。

师：嗯，能经历风雨持续存活，确实是企业的目的。

生：那该如何判断呢？

师：唯一能判断的，就是"人"，或者称"团队"。

生：什么才是好团队？

师：首先是能做好分工，这尤其是企业初创期的关键，从"一人多职"逐渐实现"专人专职"。

生：寻找合适的人组建团队，确实重要。第二点呢？

师：其次是协同，专人专职之后的协作，是企业继续发展的关键。

生：就是所谓的"1+1>2"。这样就够了吗？

师：最重要的是第三点：制衡，不同角色之间的良性制约。

生：前两点都在提高效率，制衡似乎会降低效率？

师：当你跑到了队伍的最前面、跑进了未知区域的时候，跑得快往往意味着死得也快。

生：看来制约的目的，是避免出现影响企业存活的大问题。

师：除此之外，制衡带来的不同视角，还可以促进变革。

生：变革是需要企业家的格局吗？

师：所谓的"格局"，就是一种"制衡"的态度。承认不同角色，承认不同力量，接受彼此协作和制约的关系。

生：是企业家制造平衡吗？

师：不，企业家也在平衡之中。

（水之积也不厚，则其负大舟也无力。）

追问管理

企业家学员与老师一起讨论管理。

生：老师，管理的抓手是什么？

师：核心抓手有两个：对外是客户满意度，对内是员工满意度。

生：如何把握这两点呢？

师：弄清它们的本质。

生：本质是什么？

师：客户满意度的本质是价值，员工满意度的本质是成长。

生：本质的关键点是什么？

师：价值的关键是客户评估价值的标准，叫作价值观；成长的关键是员工评估成长的标准，叫人生观。

生：现在最大的挑战是什么？

师：最大的挑战，就是标准都被金钱占据。客户的价值观成了省钱，员工的人生观成了赚钱。

（敬天爱人）

管理的进化

企业家学员发现现在的企业组织,管理越来越受到员工的抵触,管理成本越来越高,带着这个问题和困惑,与老师讨论。

生:现代管理发展到今天,不变的是什么?变化的又是什么?

师:一直未变的是对效率的追求。最大的变化则是什么东西的效率,原来是完成任务的效率,现在是创造价值的效率。

生:完成任务和创造价值,有什么区别?

师:最大的区别是被管理者的责任边界不同,首先,完成任务的边界比较狭窄;创造价值则需要更大的疆域。其次,对于工作者来说,完成任务的边界是别人定义的,自己无权改动,只能被动接受;而创造价值的边界,主动权则需要交给工作者。

生:为什么要强调创造价值?

师:为了既满足竞争需求,又满足成长需要。

生:如何兼顾这两点呢?哪一个又更重要?

师:创造的价值分为两类:一是做事结果带来的价值,二是做事过程带来的价值。前者更考虑竞争,后者更考虑自我的成长。毫无疑问,后者更重要。

生:如何不断提升过程价值呢?

师:当你把做事当作人的培养,才能实现。

生：管理归根到底还是"管人"啊？

师：不是"管人"，而是"人的成长"。"管人"只能带来被管理者的"抵抗"，只会带来管理水平的倒退。

生："人的成长"型管理，最重要的是什么？

师：是管理者自身的成长，"成长"本身就是最好的管理，自身不成长的管理者，是没有任何说服力的。

（以人为本）

创新创业教育的成功

问：中国科大每年为支持学生团队创新创业花费了多少钱？

答：学校官方和校友的无偿资助大约超过 1000 万元。

问：每年有多少支团队最终成立了公司呢？

答：不完全统计，应该是个位数。

问：花了这么多钱，最终也没成立几家公司，这么做合算吗？

参与创新创业教育工作近五年了，经常被问到"是否合算"这样的问题，而这个问题也逼着我思考：大学生创新创业教育工作的价值到底是什么？

最后，我终于想明白了。于是，我继续了刚刚的对话。

答：其实对于中国科大学生而言，即使不选择创业，他们也通常会在其他领域取得不错的成就。因此，中国科大创新创业教育的目的，主要是人才培育。

问：培育的到底是什么呢？

答：当一个学生想来参与创新创业活动的时候，我们认为他一定是内心有了一些想法，想去试试、想去证明、想去挑战！我们做的，就是给他们提供一个机会，让他们去试一试。

问：但从结果来看，似乎未必能够成功？

答：是的，但这并不重要，因为这个成功并不是我们的核心诉求。

问：请问你们的诉求是什么呢？

答：我们更看重创新土壤的传承。

问：什么是创新的土壤？又如何传承呢？

答：我们认为创新的土壤就是包容。我们坚信中国科大的学生，一般都会在不同的领域取得一定的成就。如果有一天，当今天看上去没有"创业成功"的孩子们身处某个决策岗位，看到有一些年轻人，像他们年轻时一样，去追求一些未必能实现的想法的时候，我们希望今天的这些"失败者"们，也能像科大今天的选择一样，不求回报地给年轻人以支持和包容，科大的创新精神就能得以传承。

创新，就要放飞梦想！

（追梦）

课　　堂

在"战略管理"的课堂上,有同学非常关心分数,也关心最后的考试。

生:老师,考试会很难吗?

师:每个人的分数都在我心里,考试,只是固化分数的方式而已。

生:您心里如何打分呢?

师:主要是课堂的表现。

生:您觉得最好的课堂表现是什么?

师:参与思考,同时参与交流。

生:交流为什么重要呢?

师:在我看来,教育就是通过交流实现学习的社会活动。课堂的首要功能就是交流。

生:课堂不是老师传授知识吗?

师:教育的目的不是知识的传递结果,而是知识产生的过程。知识不是从我传递给你的,而是我构建了场景,你参与之后,在你那里产生的,很多时候,产生的知识甚至远远超过我想传递的。

(天道酬勤)

案例讨论什么？

管理课上要安排案例讨论，学员们经常试图揣摩我的偏好。

生：老师，我觉得案例给了我们很多"感悟"和"启发"。

师：在我的课上，任何形式的"表扬信"都是严禁的、不可接受的！

生：那我们应该讨论什么呢？

师：讨论还有哪些是能够做的事，以及如何坚持做下去。

生：为什么要讨论还没做的事呢？

师：因为只有讨论了该做却还没做的事，你才知道它们之前做了什么。

生：难道我们不应该首先学习案例企业的厉害之处吗？这跟做了什么有啥关系呢？

师：很多的"厉害"，只不过是因为一直在老老实实地做该做的事情罢了。因此单独看一件事，很难看出来它厉害在哪里。

生：老师，我大概明白了，案例大多只说了一件事或几件事而已。

师：真正的厉害，是一点一点攒出来的！

（厚积薄发）

追求效率的方式

女儿在家看书，突然发问："爸爸，你总说效率，那么你现在追求效率的方式和以前追求效率的方式，有变化吗？"

"有，以前我总是想用最少的时间看更多的东西；现在我不太在乎时间，但希望看到别人没看到的东西。"我答道。

"这两者之间有关系吗？"女儿问道。

"看的东西多了，可能更容易看到别人看不到的；但如果看不到别人看不到的，你就永远无法节约时间。"我笑着说。

"这方法我能用吗？"女儿问道。

（磨刀不误砍柴工）

"当然可以，看书时若是只关注书中内容，就是我的以前；看书时经常掩卷而思，就是我的现在！"我回答。

问题的解决

有企业家问我：出现问题时，以管理思维如何看待问题？

我说：管理思维主要关注两种问题：一是做了不该做的事；另一是该做的事没有做。

企业家问：哪一类更重要？

我答：都重要，但前者容易发现，后者不易觉察。

企业家又问：那解决问题时，又有什么建议呢？

我说：最坏的结果就是只解决前者，却忽略了后者。

企业家问：会出现什么结果？

我说：最好的结果只是原地踏步，问题并未真正解决；二是，没人干事了。

（逍遥）

知识管理的制约

学习了"知识管理"课程，企业家学员和老师一起讨论企业的知识管理。

生：企业知识管理最大的制约是什么？

师：是否有错题本。

生：我上学时有错题本，但这很重要吗？

师：重要的不是"错题本"，而是"谁有"错题本。

生：不太明白。

师：学生有错题本，老师是否也有呢？

生：老师的错题本……好像没见过，也许那些题目，老师都会做吧？

师：所以你明白知识管理的最大制约了？

生：……

师：制约来自一种荒唐的误解。

生：什么误解？

师：所有的员工都期望老板比自己优秀，且不会犯错误。

生：就像……老师没有错题本。

师：但这还不是最荒唐的，更荒唐的是老板竟然接受了这样的期待。

生：不犯错误的老板恐怕不存在吧？

师：既然自认不会犯错，犯了错就只好掩盖或粉饰错误了。

生：也许是因为感到羞愧和内疚吧。

师：但这会导致最重要的一种组织知识就此失去。

生：什么重要知识？

师：错误中的有用知识。

生：这知识能避免错误吗？

师：避免不了错误，但能避免再犯相同错误，更重要的，是避免自以为是。

生：错误的知识为何重要？

师：因为大部分的成长都是从错误真正开始的。

（自知之明）

专家号和好酒

学生最近迷上了视频平台上的知识号，看了很多视频后，产生了困惑，和老师一起讨论专家知识视频。

生：老师，抖音上的那些专家视频可以看吗？

师：功力不够建议少看。

生：功力不够？是因为视频的水平太高吗？

师：不是，功力不够是指缺乏判断能力。

生：判断什么？

师：判断专家的目的。

生：主要目的不是传播知识吗？

师：也可能为了自己出名。

生：出名不对吗？

师：出名本身没问题，关键看出名是授课的结果，还是授课的目的。

生：这两者有差异吗？

师：老师授课的目的是什么？

生：不是传递知识吗？

师：准确说是培养学生。

生：是的。

师：但无论是"传递知识"或是"培养学生"，"出名"都不能是授课的目的。

生：老师，我明白了，不过做点宣传也可以吧。俗话不是说"酒香也怕巷子深"吗？

师：你有没有想过，"酒香"为何在巷子深处呢？或者说为何"巷不深处无酒香"呢？

（酒香也怕巷子深）

生：师父的意思是，只有在不被关注的地方，才能酿出真正的"好酒"？

师：哈哈，找到别人找不到的好酒，才是为师最关心的。

庖丁不解牛

企业家学员在"知识管理"课程后,和老师聊起《庖丁解牛》的故事,一起讨论数据和知识结构。

生:老师,《庖丁解牛》的故事,是说明解构的重要吗?

师:解构什么?

生:拆解牛的生理结构啊!因为对牛的身体结构越熟悉,分拆牛的能力就越高啊。

师:恰恰相反,这个故事说的不是解构,而是建构。

生:建构?建构了什么?

师:在庖丁的屠宰职业生涯中,至少存在着三次不同建构。

生:三次?

师:第一次建构是"牛",在庖丁脑海里真正建构了"牛"。

生:对,之前都是师父教他,都是"牛"的碎片知识。

师:第二次建构是"解",建立了方法体系。

(庖丁解牛)

生：明白了，通过对每一头牛的拆解，不断积累经验。

师：不建构体系，就无法迭代，"熟"未必能生"巧"。

生：老师说的两次，其实是两个层次，那第三层呢？

师：第三层是庖丁自己，建立了独有的思维体系。

生：是否正因为这个不断迭代的思考，才得到了历代人的认同？

师：之前不过是一介屠夫，建立了独有的思维，才成了独一无二的"庖丁"！

生：原来《庖丁解牛》这个故事名字——牛、解、庖丁，层层均为建构，每字都蕴含深意。

关 于 评 论

女儿无意中听到了我在广播里的评论,把我之前的评论音频和文章浏览了一遍,跟我讨论起评论的话题。

女儿:爸爸,什么是一个好评论员?

答:我个人认为至少具备两点。首先要有鲜明的观点。

女儿:观点为何重要?

答:观点体现了评论员的思考维度。

女儿:维度高有啥意义呢?

答:维度高就意味着观点不再去追求争论的输赢,而是追求高屋建瓴的概括、准确清醒的判断、拨云见日的透彻、峰回路转的开悟。

女儿:除了观点,还有什么呢?

答:观点固然重要,但更重要的是温度。

女儿:如何有温度?

答:温度来自入局。没有入局,你就只是冷冰冰的旁观者;入了局,你才体会了局中各个角色的真正冷暖。入局体会后,再出局评论,你的评论才有了温度。真正的评论员,不是不食人间烟火的旁观者,而是历尽千帆之后的悲悯者和通达者。

孩子的成长如何期待？

学习了目标管理，老师和企业家学生围绕着孩子教育展开了对话。

生：我觉得设立目标是非常重要的，我应该为孩子设立目标吗？

师：目标其实就是一个"愿景"。目标的作用是产生"创造性张力"。

生：什么是创造性张力？

师：当人们将"愿景"与目前"现状"同时在脑海中并列时，心中便产生一种想要把二者合而为一的力量，这种由二者差距所形成的张力就称为"创造性张力"。这种张力会让人自然产生缩小差距、实现目标的倾向和动力。

生：看来为孩子设置目标非常必要，我记得有一句话：人要在期待中成长。

师：这句话要增加两个字。

生：如何增加？

师：改为：人在自我期待中成长。增加"自我"两个字，别人的期待带不来成长，可能只能制造焦虑。

生：老师，我觉得孩子还没有看到更大的世界，对自己的潜力也了解不足，就需要家长期待啊。老师说的自我期待，得有成熟的人生观和价值观，才可以做到吧。

师：别人的期待若要产生作用，必须转换为"自我期待"，否则无法产生张力。

生：如何转换？

师：能够被转换的、产生作用的"家长期待"，其实是家长自身不断"自我期待"的生活习惯和态度。

生：老师的意思是只有我养成了"自我期待"的习惯，才能影响孩子去养成同样的习惯？

师：是的，但必须注意，家长的自我期待必须是自己成长的目标，家长只能期待自己的成长，千万不能把"期待孩子成长"当成了自己的目标，不能把对自己的"自我期待"变相转嫁成孩子的"别人期待"。

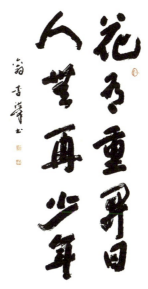

（花有重开日，人无再少年）

生：其实我发现家长的焦虑，就是因为只有对孩子的期待，而缺少对自我的期待。家长自己如果不成长，就无法看到孩子的成长！

师：你很有悟性。家长有了自我期待，孩子才可能有自我期待。在都具备了"自我期待"习惯的基础上，下一步才能就各自的"自我期待"展开交流，为彼此的"自我期待"增加内容。

生：我明白了。通过交流，增减自我期待的目标，最终实现孩子的成长。

年 终 寄 语

企业家学员与老师在这一年的最后一天,谈人生。

生:老师,年交之际,对已近中年的我们,您有什么寄语吗?

师:人的一生,前半程拼的是紧张,后半程拼的是放松。

生:前半程为什么要紧张?

师:前半程一方面僧多粥少,一方面气盛力壮,需要"抢"得先机,所以必须保持紧张。

生:那为何后半程要放松呢?

师:后半程局面复杂,耗神费力,重点是观势、择机、蓄力,需要"退"思补过和"静"观全局,所以重要的是能放松。

生:紧张和放松的边界在哪里呢?

师:就在得失之间。

生:如何解读?

师:以失为失,得亦为失者,紧张也;以得为得,失亦为得者,方为放松耳。

(舍得)

悟 里 的 我

大家好，还记得我吗？

我是《与女儿谈管理》[①]里的珊珊。我在初中时写了那本书里的第三十三篇文章《与你谈谈我老爸》。时间过得真快，一转眼已经过去了八个年头。这八年里可真不少变化，我远赴重洋完成了我的本科学业，拿到了计算机和经济学双学位，现在正在攻读计算机硕士学位。

虽然和老爸相隔万里，但我们的沟通跟小时候一样，一点儿也没少。我时不时和他分享我的学习、生活、感悟，他依然像小时候那样和我一起探讨我的日常琐事，给我很多启发。也许是我长大了的缘故，现在他还会经常和我说说他的工作和生活，以及他的思考和感悟。由于有"女儿"的特殊身份，《管理思维：学·思·践·悟》这本书里的内容我早就听老爸说过了，我还参与了不少文章的内容生产和完善的过程。老爸问我想不想效仿《与女儿谈管理》的出版过程，也以"我"的角度写一篇文章收进书里，我没有丝毫犹豫就答应了。

我把文章的题目定为《悟里的我》，一是因为我就是本书"悟"部分的对话对象，二是我打算在这篇文章里记录很多我自己的生活感悟，其实我也一直处在"悟"的过程中。当我再次回头阅读那些对话，那些企业家们、EMBA

[①] 《与女儿谈管理》，赵征著，中国科学技术大学出版社2016年版。

和 MBA 学员们的案例，竟让我这个还没正式工作的学生找到了共鸣！

书中《差异化》一篇中的内容，在国际教育体系中体现得尤为显著。国际教育最突出的特点就是差异化和多元化，我对此感受最深的就是对个体多样性的深度包容和鼓励。我的大学同学中，几乎每个人都有着自己的独特兴趣和才华。想象一下，你的某个同学可能是乐队里的灵魂人物，另一个同学可能是某个怪诞社团的创始人，又或者是曾参加过奥运会某项比赛的专业选手。大家不仅兴趣上差异很大，学业上也是各不相同，选修同一门课程的同学中，可能每个人的课表都不一样，即便是我同专业的朋友们，每学期能和我的课表上重合的课也屈指可数。

这样的差异其实在大学申请过程中就已体现得淋漓尽致了，每一次申请，我们都被督促着不停地挖掘、展示自己。申请过程就是一场"秀出你自己"的盛宴。每个申请者都得写多篇文书，在寥寥数百字中，你得巧妙地编织你的故事：是什么经历塑造了现在的你？为什么你就是那颗闪亮的星？你又为何与众不同？到了研究生申请阶段就更加细致了。针对各个院校不同专业下众多的细分项目，申请者都得为其每一个心仪的项目量身打造文书。不仅要继续展示我们的个人魅力，还得更深入地描绘自己在专业领域的成长旅程和选择。

你看，这一切听起来是不是一个特别艰巨的工程？既需要打造一个独一无二的"人设"，而且还得和自己的经历紧密相连。回想起来，让我感到奇妙的是，当我坐下来回顾自己的过去，开始撰写文书时，我发现根本不需要刻意塑造什么特别的"人设"。我之前的所有经历，似乎都在自然而然地推动我成为当下与众不同的自己。从小受到老爸的影响，我对商业的方方面面充满好奇，这种兴趣引领我探索市场动态、消费者行为、企业策略、宏观经济政策等诸多领域，并最终选择了经济学作为我的专业。在这个数据驱动的世界里，我逐渐发现计算机是分析数据、理解经济模型、解析商业逻辑、破解实际问题的重要工具，这也就自然而然地引导我踏上了学习计算机的道路。在攻读硕士期间，我也侧重于人工智能、数据分析领域的学习和研究。此时我再回头看看我在大学和研究生两轮申请撰写文书的经历，我真切感受到与老爸日常闲聊对我的帮助之大。学习的关键是思考，谈话就是思考的碰撞，思考的结果还要运用到实践，而实践的结果还要进行再思考。运用到实践就形成对事的管理，回头再思考的过程又形成了人的自我管理，思维也许就是这样走到管理的。

其实这种"这不就是在讲我自己的故事嘛"的惊喜感贯穿整本书。如今回想起来，这八年中我选的每一门课、参与的每一个项目、经历的每一次实习，还有每一次抉择和思考，都在不知不觉中雕琢出当下这个看上去有点"与众不同"的我。当我试着从上帝视角审视自己的过去，突然意识到，八年前开始的那些对话与今天的我，可能有着千丝万缕的联系，梳理那些成长的点点滴滴，我对自己的喜好、擅长和目标有了更深刻的认识。这一切不仅让我对过去的选择更加坚定，也让我对未来有了更清晰的规划，今天的所有努力，都是为了早日遇见未来的自己。

《管理思维：学·思·践·悟》书里的很多文章不仅让我认识过去，也让我更好地理解现在。那篇《真正的低价》让我对我现在学习的人工智能也有了新的感悟。2023年ChatGPT爆火，随后一大波AI工具（ChatBot）如雨后春笋般迅速冒出头来。我们这一代人有幸亲眼见证了ChatGPT为代表的大规模语言模型（LLM）的崛起。它们的能力让人觉得有点"神通广大"，似乎已然"全知全能"。问它们任何问题，它们都能侃侃而谈，提供的信息既精炼又专业，仿佛没有什么是它们不知道的。这些模型是在一个信息量巨大的环境中训练出来的，它们从互联网上的各种数据中学习：社交媒体上的讨论、数字化的书籍、在线文章和博客、用户的反馈……这一切都是它们的食粮。而它们给我们带来的便利，无疑是巨大的。

想想看，以前遇到一个让人头疼的代码程序错误（bug），我得自己一行行地检查、琢磨代码，或者在网上翻山越岭寻找类似问题的解决方案，又或是跑去请教老师和同学，有时一个问题能困住我半天。但现在，ChatGPT 能立刻基于它那庞大的信息库，给出几个靠谱的建议，让我节省下了大把的时间。再比如前段时间我想买个相机，但一时拿不准该买哪种。ChatGPT 同样给力，只需向它咨询，它马上能给我"扒拉"出各种相机的特色和区别、各自的优缺点，让我快速了解许多基本信息。

但不得不说，这些模型很多时候也让人捉摸不透，比如当我向 ChatGPT 提出同一个问题，它每次给出的答案却可能天差地别。即使它每次的回答很一致，其他的大模型也可能唱反调，给出截然不同的答案。这时候，你是否选择全盘接受这些模型的回答呢？面对不同的模型，你又该信任哪一个模型呢？

模型训练的目的是生成人类偏好的回答，而不是理解和坚守真理。尽管这些 AI 模型在回答问题时表现出惊人的流畅性和相关性，但它们的回答并不是完全正确、一致和可靠的。因此，我们很难对它们建立起坚不可摧的信任，反而可能在众多信息和建议中感到更加迷茫。正如老爸文章里所说，当信息变得更加庞杂时，我们的间接成本反而上升。这正体现了成为一个"靠谱"的人的重要性：在这个信息泛滥的时代，保持一颗清醒的头脑，用大模型等工具来提升我们自己的思考和专业能力，学会在纷繁声中辨识真伪，坚守自我，才能在技术的巨浪中稳住脚跟，立于不败之地。

老爸的文章读着读着，我忽然产生了一种隐约感觉，这些对话就是老爸对我的"训练"；这些对话里或许隐含着数年后的"我"，隐含着"我"的模型中最重要"算法"和"架构"。这一刹那，我突然领悟，我和那些大模型一样，都在被训练；但最重要的其实不是"训练"，而是"陪伴"，知识的累积不是最终目的，人的成长才是终极目标。真正的成长不是来自无休止的"训练"，而是源于有质量的"陪伴"。我和大模型最大的不同就是：我有爱我的老妈和老爸一直陪伴。